AF453809

MÉMOIRE

EN RÉPONSE A L'OUVRAGE

DE

M. LE GÉNÉRAL DE DIVISION PRÉVOST DE VERNOIS.

Paris — Imprimerie de Cosse et J. Dumaine, rue Christine, 2.

MÉMOIRE

EN RÉPONSE A L'OUVRAGE

DE

M. LE GÉNÉRAL DE DIVISION PRÉVOST DE VERNOIS

AYANT POUR TITRE

DE LA FORTIFICATION DEPUIS VAUBAN

PAR

Le général de division **NOIZET**.

Publié avec autorisation du Ministre de la guerre.

—◦◦◦—

PARIS,

LIBRAIRIE MILITAIRE,

J. DUMAINE, LIBRAIRE-ÉDITEUR DE L'EMPEREUR,

RUE ET PASSAGE DAUPHINE, 30.

—

1862

MÉMOIRE

En réponse à l'ouvrage de M. le général de division Prévost de Vernois,
ayant pour titre : De la Fortification depuis Vauban.

M. le général Prévost de Vernois vient de livrer à l'impression, à l'âge de plus de quatre-vingts ans, un ouvrage en deux volumes avec atlas, intitulé *De la Fortification avant Vauban.* La mort l'ayant surpris avant l'achèvement de sa tâche, sa veuve a considéré comme un devoir de poursuivre une publication à laquelle son mari attachait une grande importance.

On s'occupe peu maintenant de fortification en France, et c'est un art pour lequel les militaires ne se passionnent plus comme on l'a vu quelquefois dans d'autres temps ; mais, si une œuvre était capable de réveiller à cet égard l'apathie générale et de raviver des discussions depuis longtemps oubliées, ce serait à coup sûr l'écrit de M. le général Prévost de Vernois. Son ouvrage, en effet, est une critique, écrite avec une verve qu'on ne s'attend guère à trouver à son âge, de tout ce qui s'est fait de fortification en France depuis un siècle et demi, et l'on sait combien les critiques, même les plus passionnées, ont plus de charmes et d'entraînement pour la plupart des esprits que les dé—monstrations de la froide raison.

Si cependant ce livre avait été composé par un officier dénué d'expérience, je ne croirais pas nécessaire d'en donner l'analyse et de chercher à en réfuter les erreurs ; mais M. le général Prévost de Vernois était un homme du caractère le plus honorable, un militaire dont les services ont été des plus remarquables, un cœur droit et chaud, animé d'un grand patriotisme, un esprit ardent et distingué ; sa haute position dans l'armée et la réputation qu'il a laissée dans le corps du génie, donnent à ses paroles une autorité qu'il pourrait être dangereux de laisser s'établir sur l'esprit des jeunes officiers du génie. Je me crois donc obligé, bien qu'à regret, de repousser la plupart des assertions de cet auteur dont bon nombre sont en opposition formelle avec des principes que j'ai longtemps professés.

Les qualités que l'on admirait dans le général Prévost de Vernois, et qui donnent un certain attrait à la lecture de son livre, la verdeur qu'il conserve dans un âge avancé, la vivacité de son imagination, la chaleur de son cœur et de sa tête, la passion qui l'animait pour tout ce qu'il croyait bien, ont été précisément la cause de ses erreurs. La fougue de son caractère lui faisait tout pousser à l'extrême. Éloges et blâme, tout est exagéré dans son livre, et rien ne s'y trouve dans la juste mesure où un esprit sensé voudrait voir ses opinions renfermées. Lorsque, chemin faisant, on rencontre une idée juste, elle est bientôt dénaturée par des développements inexacts ; et l'on ne peut voir qu'avec un vif regret un homme d'un talent réel faire un usage aussi peu profitable de ses hautes qualités.

La tâche que je m'impose ne serait pas difficile si je ne considérais que le fond des choses ; mais je crains bien que la forme n'en rende l'effet à peu près nul. M. le général Prévost de Vernois a écrit deux volumes, et, bien qu'en en retranchant les redites, les digres- sions et les exclamations, on pût facilement les réduire à moins de moitié, ce n'en est pas moins un livre qui restera dans les bibliothèques, qui sera lu quelquefois, ne fût-ce que par curiosité, et qui, malgré les nom- breuses inexactitudes qu'il renferme, sera pris au sé- rieux par un certain nombre de lecteurs qui pourraient bien y découvrir quelques fausses appréciations, y reconnaître de nombreuses contradictions, mais qui ne croiront jamais, sans en être prévenus, qu'il contient autant d'erreurs de faits. Il serait donc nécessaire que la réfutation fût placée en vue auprès des assertions, c'est-à-dire que je composasse moi-même un nouvel ouvrage ; mais, à moins d'une prolixité fastidieuse, je n'y vois pas matière, et je ne me sens pas d'ailleurs la force de l'entreprendre. Je dois donc me borner à un simple mémoire, que son peu d'importance fera sans doute bientôt reléguer parmi les œuvres éphémères qui disparaissent le lendemain de leur lecture. Quoi qu'il en soit, venons-en sans plus de préambule à l'examen du livre de M. le général Prévost de Vernois.

INTRODUCTION

DE M. LE GÉNÉRAL PRÉVOST DE VERNOIS.

FORTIFICATIONS DE PARIS.

Le livre du général s'ouvre par une introduction de
110 pages dans laquelle l'auteur commence par exposer son objet de la manière suivante (page 7) :

« Je veux essayer de réhabiliter la mémoire de Vau-
« ban, de remettre en honneur ses œuvres étrange-
« ment altérées et défigurées par ses successeurs ; je
« veux essayer de faire entendre encore les sublimes
« leçons que nous avait léguées sa vieille et infaillible
« expérience, et pour lesquelles on n'a plus guère
« qu'une estime en paroles. Je veux essayer enfin de
« remettre à leur place les novateurs présomptueux
« qui ont réussi à substituer leurs conceptions aux
« chefs-d'œuvre de notre grand maître. »

Je ne pense pas que Vauban ait besoin d'être réha-
bilité dans l'estime de la France entière ni dans la vé-
nération des ingénieurs : aussi n'est-ce pas à proprement parler de Vauban même qu'il s'agit ici, mais de
son système de tours bastionnées qui n'a pas, il est vrai,
été généralement adopté après lui, quoique le général
considère ce système comme l'expression la plus su-

blime du génie de ce grand homme, et qu'il voulût le voir substituer à tous autres. Telle est l'idée fixe qu'il poursuit dans son livre, et sur laquelle nous aurons aussi souvent à revenir dans notre examen.

La plus grande partie de l'introduction est ensuite consacrée à la discussion des fortifications de Paris, pour lesquelles le général regrette que les tours bastionnées n'aient point été employées. Cette partie est pleine d'intérêt et débute par l'extrait d'un mémoire du général, présenté à la commission de défense de 1818, dans lequel toutes les considérations propres à faire sentir la nécessité de fortifier Paris, pour assurer la défense de la France, sont exposées de la manière la plus lucide, la plus sensée, la plus forte et la plus convaincante. Certes, si tout l'ouvrage était écrit de cette manière, je n'aurais à prendre la plume que pour le louer sans restriction.

Vient ensuite l'historique des diverses phases qu'a suivies, jusqu'à sa réalisation en 1841, l'idée des fortifications de Paris. Ici le général oppose ses projets à ceux des ingénieurs ses rivaux; puis il se livre dans de longs développements à la critique de l'œuvre de ses adversaires, tout en proclamant que cette œuvre, bien qu'imparfaite, est néanmoins d'une grande valeur pour la sécurité du pays. Cette discussion, quoiqu'un peu moins calme que la précédente, ne manque pas cependant aussi d'intérêt, et sera lue avec fruit par les jeunes ingénieurs. Je ne la suivrai pas néanmoins dans toute son étendue, et je ne m'arrêterai que sur quelques points principaux qui ont plus particulièrement trait aux idées générales de l'auteur.

Le général insiste beaucoup sur ce point, qu'une place

de la grandeur de Paris ne peut être prise par une attaque pied à pied, mais qu'elle a tout à redouter d'une surprise et particulièrement d'une escalade. Aussi accuse-t-il les auteurs de la fortification existante de n'avoir donné que dix mètres de hauteur à l'escarpe du corps de place, contrairement aux prescriptions de Vauban qui demandait une hauteur de trente-six à quarante pieds.

Je tombe volontiers d'accord avec le général Prévost de Vernois sur l'extrême difficulté, si ce n'est sur l'impossibilité absolue, de s'emparer de Paris par une attaque régulière; mais je ne saurais lui concéder de même qu'une attaque de vive force ait de grandes chances de succès. Il cite, à l'appui de sa thèse, un certain nombre de grandes places qui ont été ainsi enlevées, soit dans les temps anciens, soit dans les temps modernes, et il eût pu augmenter sa liste des exemples de Crémone et de Berg-op-Zoom qui, surprises et occupées par l'ennemi, ont été reconquises par la valeur de la garnison. L'histoire ancienne lui en eût également fourni quelques autres. Mais cela prouve seulement que toute place doit se garder avec un soin extrême, non-seulement lorsque ses revêtements n'ont que dix mètres de hauteur, mais même lorsqu'ils en ont douze ou plus, puisque, dans les exemples cités, il se trouvait des places dans d'aussi bonnes conditions. La fausse sécurité constitue le vrai danger des surprises. Des revêtements de dix mètres de hauteur bien gardés ne seront pas enlevés, tandis qu'une place de douze ou quatorze mètres d'escarpe, réputée à l'abri de l'escalade, le sera si la surveillance se ralentit. Cormontaingne et ses successeurs mériteraient donc les véhéments reproches que leur adresse le général, s'ils enseignaient qu'un mur de dix mètres de hauteur ne peut être escaladé. Ils savent parfaitement qu'une hauteur de douze ou de quinze mètres donnera plus de sécurité qu'une de dix, sans cependant dispenser de toute surveillance, et que de telles hauteurs peuvent être quelquefois nécessaires; mais ils ont pensé qu'avec une garde bien faite, et dans des circonstances où les surprises n'étaient que peu probables, cette hauteur, combinée surtout avec une bonne contrescarpe, pouvait paraître suffisante. Ainsi l'a pensé Vauban lui-même, qui n'a donné que trente pieds à l'escarpe du corps de place de Neuf-Brisach.

Vers 1821, le général Haxo fit étudier avec quelques détails un projet d'enceinte continue pour Paris, sans autres dehors qu'un chemin couvert. Il donnait douze mètres de hauteur à l'escarpe, et en outre, il supposait la contrescarpe revêtue. Il témoignait donc tout autant de prévoyance que M. le général Prévost de Vernois qui l'enveloppe cependant dans ses récriminations. Mais peut-être le général Haxo se fût-il restreint à une hauteur de dix mètres, si son projet eût comporté des forts avancés. Au reste, l'absence de ces défenses éloignées est aussi l'objet de graves reproches que le général Prévost de Vernois adresse aux projets d'enceintes élaborés antérieurement à 1840. Je me rappelle à ce sujet que, lors des discussions de 1831, je fis l'observation au général Haxo qu'une ceinture de forts me semblait nécessaire pour compléter la défense. Ce général me répondit que, sans le moindre doute, cette double défense serait préférable à une seule enceinte, mais qu'il croyait celle-ci suffisante pour arrêter l'ennemi et surtout pour modifier ses plans de campagne; qu'il entendait bien d'ailleurs que des ouvrages de fortification passagère permettraient à l'armée défensive d'occuper de bonnes positions à l'extérieur et de tenir longtemps l'ennemi éloigné ; qu'il ne fallait pas, en proposant un projet gigantesque, s'enlever toutes chances d'amener le Gouvernement à la réalisation si désirable de l'idée de fortifier Paris et qu'enfin, la construction de l'enceinte ne préjugeait pas celle des forts qui pourraient être élevés plus tard pour augmenter la valeur de la place. Une telle circonspection, dans les circonstances où se trouvait alors la France, n'est-elle pas plutôt à approuver qu'à incriminer ? Mais, revenons aux fortifications telles qu'elles existent ; ce sont elles que le général Prévost de Vernois suppose pouvoir être enlevées de vive force.

Pour faire partager sa conviction, il commence par prétendre que le gouverneur de Paris ne pourra rien savoir de ce qui se passera au dehors ; qu'une attaque arrivant à l'improviste sur un point éloigné, il lui faudra deux heures pour s'y rendre de son quartier général, avec les forces nécessaires, et qu'alors la place pourra être enlevée sans l'espoir d'en chasser l'ennemi. Mais ici l'auteur n'est pas conséquent avec lui-même. Car, après avoir exposé ses idées sur ce qu'il y aurait à faire pour remédier aux imperfections de la fortification, il dit, page 81, « qu'au moyen de quelques aréos-
« tats, nous pourrons toujours être informés de toutes
« les marches et manœuvres (de l'ennemi) et compter
« ses soldats un à un. Il faudrait être bien maladroit,
« ajoute-il, pour ne pas mettre à profit de tels avan-
« tages. » Or, comment le général Prévost de Vernois peut-il croire qu'un gouverneur saura mieux être in-

struit dans une place fortifiée selon ses idées que dans une place dont les fortifications seraient établies suivant un tout autre système? Pour moi, je suis convaincu que, même sans aréostats, un général au milieu de Paris fermé d'une enceinte et entouré de forts, pourra toujours, à l'aide de reconnaissances, d'émissaires et d'espions dont il ne manquera jamais, être instruit heure par heure des moindres mouvements de l'ennemi occupant une circonvallation qui n'aura guère moins de trente lieues. Il suffira d'ailleurs que les renseignements soient apportés à l'un des forts ou à quelque poste voisin, pour que le télégraphe se charge de les transmettre instantanément au centre de Paris.

Le général Prévost de Vernois dit que l'ennemi peut lancer vingt colonnes à la fois qui, attaquant Paris de toutes parts, laisseront le gouverneur incertain du point sur lequel il doit organiser la plus solide résistance. Mais, d'abord, il n'existe que quatorze intervalles de forts, et l'on ne peut admettre que plusieurs colonnes distinctes se dirigent par le même. Une très-grande partie de l'enceinte, en outre, est couverte par la Seine et par la Marne, et le général ne croit pas sans doute que l'ennemi forcera le passage de ces rivières pour surprendre l'enceinte en arrière des forts. Enfin, tous les intervalles ne sont pas également propres à donner passage à une forte colonne. Ces vingt colonnes se réduiraient donc au plus à six ou sept et n'embrasseraient pas tout le périmètre de l'enceinte. Mais passons sur ce point. Il a toujours été entendu, lorsque les forts ont été construits, qu'en temps de guerre on établirait entre eux des ouvrages de campagne pour abriter des postes plus ou moins considérables selon les circonstances, et formant comme autant de camps retranchés qui relieraient ces forts entre eux. Quelques-uns de ces ouvrages existent même déjà. Je veux bien admettre pour un moment que la garnison soit trop faible pour qu'on puisse établir de véritables camps au dehors, car il est bon de raisonner toujours dans le cas le plus défavorable, une forte colonne ennemie arrivant de nuit, pourra peut-être s'avancer entre deux forts sans être aperçue de l'un d'eux, mais elle viendra nécessairement se heurter contre un poste intermédiaire. Quelque faible que soit ce poste, s'il est bien fortifié, comme je le suppose, il ne se laissera pas enlever sans résistance. La fusillade et le canon réveilleront non-seulement les forts voisins, mais encore l'enceinte en arrière, dont tous les canonniers se porteront à leurs pièces, et le général, ou au moins le commandant du quartier le plus voisin, ne manquera pas d'être immédiatement instruit de ce qui se passe. Peut-être l'ennemi, arrêté court, ne tentera-t-il pas de passer outre; mais supposons qu'il enlève lestement le poste qui lui est opposé et qu'il continue à marcher sur l'enceinte éloignée de plusieurs kilomètres; il n'y a plus là lieu à surprise : chacun est à son poste, prêt à repousser l'ennemi, et sans que la réserve ait dû encore quitter sa position centrale. Cependant la colonne d'attaque marchant de nuit sur un terrain inconnu, ralentie par une première résistance, prise en flanc et en queue par le canon des forts, portant avec elle des échelles pour l'escalade, sera bientôt accueillie par le feu des remparts et, si l'obscurité de la nuit s'oppose à la justesse du tir, elle doublera d'un autre côté le désordre et la terreur du danger dans l'imagination des assaillants. Les glacis d'ailleurs et les fossés seront éclairés, et la foule qui s'y agglomérera tombera sous la mitraille des flancs et sous la fusillade du reste des fronts. Si cependant quelques échelles se dressent, que les plus intrépides parviennent sur le rempart, tout ce qui ne sera pas immédiatement passé par les armes tombera au pouvoir de quelque réserve accourant sur le point vraiment menacé. Ce ne seraient pas même quelques milliers d'hommes pénétrant en désordre dans la place qui pourraient échapper au sort infaillible d'être faits prisonniers. Et que serait-ce si le jour venait à poindre pendant l'attaque et qu'une masse confuse, entassée sur les avenues de la place, restât exposée à découvert aux ravages de l'artillerie des remparts ! Mais qu'ai-je besoin d'insister ainsi lorsque l'auteur lui-même ne nous parle que de surprise, c'est-à-dire d'un fait impossible, à moins d'une incurie contre laquelle il n'existe pas de fortification qui puisse assurer de sécurité ?

Sans le moindre doute, j'eusse mieux aimé voir douze mètres de hauteur d'escarpe au mur d'enceinte de Paris que dix seulement. J'eusse préféré surtout des contrescarpes revêtues à des contrescarpes en terre; mais je n'en ai pas moins la conviction que les fortifications existantes suffisent pour assurer la place contre une entreprise de vive force, et, dès lors, le soin de ménager les finances de l'État a dû conduire à n'exécuter que ce qui était considéré comme strictement nécessaire.

Je ne m'arrêterai point aux craintes que manifeste le général de voir une porte de la ville livrée par trahison à l'ennemi. Nous ne sommes plus au temps de Charles VI et des Bourguignons, et les clefs des portes ne sont plus remises aux mains des bourgeois. Je ne crains pas la trahison de l'armée. Je n'y crois pas lorsque l'ennemi est l'étranger. Quant aux guerres civiles, elles peuvent donner lieu à des combinaisons qui déroutent tous les calculs de la prudence, mais ce n'est pas pour ce cas fatal que les fortifications de Paris ont été érigées.

Peut-être le général Prévost de Vernois, en craignant les surprises et les trahisons, a-t-il supposé une partie des forts extérieurs au pouvoir de l'ennemi. Mais dans ce cas, les fortifications de Paris auraient déjà rempli leur rôle principal, et d'ailleurs, la garnison refoulée sur la place n'en serait alors que d'autant mieux sur ses gardes. Quoi qu'il en soit, c'est toujours en partant de l'hypothèse que la place peut être enlevée de vive force que ce général raisonne, et, dans cette hypothèse encore, il voudrait que les fossés eussent pu être remplis d'eau. La chose n'eût pas été sans doute impossible : ce qui a été fait au bois de Boulogne et à Vincennes, pour l'agrément des parisiens, eût pu l'être avec plus de raison pour leur défense; mais si l'on considère les circonstances politiques où le gouvernement se trouvait en 1840 et la grande dépense qu'eût entraînée un tel projet, on jugera que la chose n'était pas aussi facile qu'elle le semble à l'auteur. Outre la construction d'un puissant barrage en amont de la Seine, et l'établissement des machines et des conduites d'eau, il eût fallu rendre étanche la surface de tous les fossés. Car les fortifications tracées, dans une grande partie de leur développement, au-dessus de carrières souterraines ou remblayées, se trouvent sur un terrain fissuré et défoncé extrêmement perméable qui eût exigé d'immenses travaux de bétonnage. De plus, le département de la guerre ne pouvait prendre à sa charge la dépense de l'établissement et surtout de l'entretien d'un appareil hydraulique fort compliqué dont il eût peut-être été cent ans sans faire usage. Il eût donc dû s'entendre avec la ville qui eût profité de l'élévation des eaux sur les hauteurs de Belleville, de Montrouge, du bois de Boulogne et de Montmartre pour l'approvisionnement de Paris. Mais ces eaux, séjournant dans des fossés découverts, n'eussent été bonnes qu'à l'arrosage des rues, et l'on peut juger, par les projets actuels de la ville, si l'autorité municipale eût accueilli favorablement la demande de concours qui lui eût été adressée dans ces conditions. On se serait donc jeté dans des discussions telles que tout eût traîné en longueur et que les fortifications de Paris n'existeraient peut-être pas aujourd'hui. N'a-t-il pas été sage de passer outre, sans courir après un avantage aussi difficile à obtenir, et qui n'était pas jugé indispensable? Cette disposition, d'ailleurs, proposée par M. Arago, n'a pas été accueillie par la Chambre des députés: dès lors, il n'y a pas lieu aujourd'hui d'en imputer le rejet aux ingénieurs.

Un autre regret qu'exprime le général, c'est qu'au lieu de bastions ordinaires, on n'ait pas adopté un système de tours bastionnées avec un chemin couvert pour tout dehors. Ici l'auteur entre réellement dans son sujet, puisque son but principal est de préconiser ces tours employées par Vauban à Belfort, à Landau et surtout à Neuf-Brisach. J'avoue que, si l'on eût adopté un tel système, je n'en ferais pas aujourd'hui la critique. Je le conseillerais même pour les enceintes de sûreté des villes de l'intérieur, si l'on se décidait jamais à en fortifier quelques-unes; et les ingénieurs modernes sont loin de les proscrire, comme lés en accuse à tort le

général Prévost de Vernois, car il eût pu se rappeler,
bien qu'il affirme le contraire, que depuis vingt ans il
en a été construit plusieurs ; seulement, je ne saurais
admettre tous les avantages que le général leur attribue
pour les fortifications de Paris, et tout au plus re-
connaîtrais-je qu'elles peuvent être équivalentes aux
bastions ordinaires. Il y voit une économie de construction, et il les trouve en outre d'une moindre garde, parce
qu'une seule sentinelle par tour, au lieu de trois par
bastion, suffit pour la surveillance de tous le corps de
place. Je le crois dans l'erreur sous ce double rapport.
Son calcul en effet est basé sur cette supposition que
chaque bastion aurait pu être remplacé par une tour.
Mais le général qui, avec raison, n'est pas partisan des
grandes lignes de défense, ne voit-il pas qu'en agissant
ainsi, on eût augmenté chacune de ces lignes de cent
mètres environ et que, par conséquent, pour les laisser
même telles qu'elles existent, quoiqu'il les trouve trop
longues, il eût fallu construire à peu près moitié plus
de tours qu'il n'y a de bastions ? Et puis, regarderait-
on jamais comme bien gardée, surtout pendant la nuit,
une place qui ne compterait qu'une sentinelle par deux
ou trois cents mètres ? Il est vrai qu'en redoublant les
flancs on réduit les lignes de défense, mais alors la dépense est évidemment augmentée, et ces flancs ne peuvent guère se passer de sentinelles.

Mais, ce que le général estime surtout dans les tours,
c'est qu'elles serviraient de réduits dans le cas où l'ennemi escaladerait une courtine. Pour leur faire jouer ce
rôle, il faudrait d'abord qu'elles fussent construites autrement que celles de Vauban, et il en convient malgré
son admiration exclusive pour les conceptions de ce

grand homme. Ensuite, cette propriété ne serait précieuse qu'en admettant le danger de l'escalade que j'ai déjà combattu. Il faudrait, en troisième lieu, que ces tours elles-mêmes fussent tout à fait inescaladables. Enfin, en admettant qu'une courtine puisse être enlevée plutôt qu'une tour, pense-t-on que le feu des vingt hommes renfermés dans ce poste et dont le plus grand nombre seraient encore occupés a répondre au dehors, pût empêcher l'ennemi de se jeter dans les maisons, les rues et les couverts en arrière du rempart ? Et si une réserve, qui serait la vraie défense, se portait au-devant des assaillants, ne paralyserait-elle pas le feu des tours? Ce n'est pas par de petits moyens de cette espèce que Paris peut être sauvé, et il y a lieu d'être étonné qu'un militaire de l'expérience et de la valeur du général Prévost de Vernois veuille en faire le pivot d'une grande défense. Mais laissons pour un moment les tours de Vauban, sur lesquelles nous ne tarderons pas à revenir, et continuons l'examen des observations principales de l'auteur.

Il est enfin une dernière critique sur laquelle il insiste particulièrement. Il blâme la disposition des forts avancés, qu'il trouve à la fois trop grands et trop éloignés les uns des autres. Il eût voulu les voir remplacés par des redoutes ou des fortins défendus par des machicoulis, n'exigeant pas chacun plus de deux cents hommes de garnison, afin de ne pas trop disséminer les forces des assiégés et d'avoir plus de monde disponible pour agir au dehors.

Je ferai observer à cet égard que la plupart des forts existants n'exigeraient pas plus de trois cents hommes de garde habituelle, et qu'avec la facilité d'en augmenter et d'en renouveler la garnison, dans le cas d'une attaque sérieuse, leur capacité et leur bonne organisation permettraient d'y faire la résistance la plus vigoureuse sans compromettre la retraite des défenseurs qui ne pourrait que difficilement être coupée par l'ennemi. Quant aux fortins qui sont l'objet des regrets du général, leur grand nombre compenserait la diminution de chacune de leurs garnisons, et la facilité qu'aurait l'ennemi de les raser presque complétement par ses brèches y rendrait une longue défense à peu près impossible.

Qu'on ne croie pas, en me voyant ainsi défendre une œuvre à laquelle j'ai pris une part légère, que je veuille présenter les fortifications de Paris comme irréprochables, et que je prétende qu'il n'y avait rien de mieux à faire. Aucune œuvre humaine n'est parfaite, et il n'eût pas été difficile au général Prévost de Vernois d'énoncer d'autres critiques que celles auxquelles il s'est borné, s'il n'avait pas eu en vue un objet à peu près unique, celui de faire prévaloir ses propres idées, qu'il place sous le patronage de Vauban. Lorsqu'en 1840 je fus appelé de province pour être adjoint au directeur des fortifications de Paris (rive gauche), je m'enquis des projets étudiés, et l'on me montra un profil général à appliquer au tracé bastionné ordinaire, qui avait reçu l'approbation du conseil des ministres pour servir de base à l'estimation de la dépense de l'enceinte. Aussitôt mon esprit se mit en mouvement, et je redigeai un projet où peut-être le général Prévost de Vernois eût trouvé la trace de quelques-unes de ses idées et d'après lequel je prétendais qu'il était possible de réaliser une économie d'environ quinze millions. Mais, lorsque je présentai mon travail à l'examen de mes chefs, il me fut répondu, avec assez de raison, qu'on ne m'avait pas appelé pour discuter, mais pour coopérer à l'exécution d'un projet arrêté ; que si les ingénieurs commençaient par disserter entre eux et ne pas se mettre d'accord, on risquait fort de ne rien faire ; que mieux valait exécuter un projet imparfait que de courir sans résultat après un mieux imaginaire. Je le compris et me tus. Depuis, et pendant l'exécution, je proposai diverses améliorations de détail contre lesquelles il n'y avait pas à opposer la même fin de non-recevoir; mais je n'obtins pas beaucoup plus de succès et, si jamais après ma mort on parcourt mes notes avec quelque soin, on pourra voir que je ne ménageais pas mes critiques. Mais je me suis bien gardé et me garderai bien de les publier. Fût-il sûr que je ne me suis pas trompé, je ne voudrais pas déprécier une œuvre grandiose que, malgré ses légères imperfections, je considère comme excellente, et j'ajouterai même que je ne pense pas qu'aucun ingénieur eût pu la mener à meilleure fin, avec plus de prudence, de suite et d'ordre, que ne l'a fait M. le maréchal Dode, qui a tenu à assumer sur lui toute la responsabilité de la direction du travail.

Mais quittons les fortifications de Paris, et, sans m'arrêter à quelques digressions et à quelques déclamations de l'auteur, passons à l'examen de son livre proprement dit.

VAUBAN

ET LE SYSTÈME DE NEUF-BRISACH.

Le général Prévost de Vernois divise son œuvre critique en quinze chapitres; puis., dans une espèce de supplément en sept chapitres, il expose ses propres idées sur la fortification. Ce qui me serait le plus facile serait de le suivre chapitre par chapitre; mais, outre que l'examen' que je veux faire deviendrait ainsi bien long, je craindrais de ne pas donner de son livre.une idée assez claire et assez précise, à cause des digressions que je rencontrerais et des redites auxquelles je me verrais entraîné. Je préfère donc rechercher, dans les diverses parties de son ouvrage, les idées dominantes qui y sont exprimées et les exposer dans l'ordre que je trouverai le plus naturel et le plus commode pour la réfutation que je me propose d'en faire.

Le but le plus ostensible de l'ouvrage, ou du moins le plus nettement exprimé, est l'exaltation du système de fortification appliqué par Vauban à la place de Neuf-Brisach, et, pour atteindre ce but, le général, après avoir relevé tout le mérite de la conception de ce grand ingénieur, a cru devoir attaquer et décrier tout ce qui

a été fait ou proposé depuis en France. C'est d'abord
sur Cormontaingne qu'il déverse tout le poids de sa
colère et de son indignation ; puis il se dresse avec
non moins de violence et d'amertume contre Fourcroy,
directeur des fortifications au ministère de la guerre
sous Louis XVI. Il examine ensuite avec plus d'indulgence, sans toutefois leur accorder d'avoir rien proposé
qui approchât de la valeur du tracé de Neuf-Brisach,
quelques systèmes qui ont joui d'une certaine réputation parmi les contemporains de leurs auteurs. Enfin
il aborde les ingénieurs de son temps : il traite
assez cavalièrement le comité des fortifications dont
il faisait partie et qui ne partageait pas toujours ses
opinions, et il se prend particulièrement corps à corps
avec le général Haxo, le plus éminent de ses collègues,
qu'il accuse, tout en confessant son grand mérite,
d'avoir dominé toutes les délibérations du comité des
fortifications et par là perverti les saines doctrines.
Toutes ces attaques personnelles, violentes et passionnées pour la plupart, sont en même temps dirigées
contre l'école du génie. Depuis cent ans, selon lui, cette
école n'a fait que fausser le jugement de ses élèves, que
les enfouir dans une ornière profonde, qu'arrêter
l'essor de leur génie, et les grands coupables de cette
félonie sont Cormontaingne, Fourcroy et le général
Haxo. Après donc avoir révélé, en parlant de chacun
d'eux, les méfaits qui les concernent, l'auteur prend à
partie l'école elle-même et critique l'enseignement qu'il
suppose y être donné ; puis, comme je l'ai dit, il termine son ouvrage par l'exposé de ses propres idées sur
la fortification des places. Tout cela est mêlé de sorties
contre l'organisation et l'instruction de l'armée fran-

çaise, contre l'administration militaire, contre les
finances de l'Etat, contre les banquiers et les avocats,
contre tous les Gouvernements qui ont séparé les deux
Empires, contre tout le monde et toutes choses enfin.
Il n'y a pas jusqu'à l'Académie des sciences que le
bouillant général ne veuille battre en brèche à propos
de questions concernant la poussée des terres et la sta-
bilité des voûtes.

Je n'essaierai pas de suivre l'auteur dans ses digressions administratives et politiques, bien que je les
trouve peu mesurées et parfois dangereuses ; je laisserai
à de plus savants le soin de défendre l'Académie, qui
d'ailleurs ne réclame pas de défenseurs ; je n'entrerai
pas dans une discussion approfondie des idées propres
au général ; mais, sans prétendre réhabiliter aucun des
ingénieurs éminents qui nous ont précédés, je m'ap-
pliquerai à ramener à leur juste valeur les accusations
accumulées contre eux, et je prendrai aussi la défense
de nos écoles qui, quelque imparfaites qu'elles puissent
être, sont loin de mériter aucun des reproches que leur
adresse le général. Quant à Vauban, je n'aurai pas à le
défendre, mais à examiner jusqu'à quel point l'auteur
est un exact interprète et un exact appréciateur de ses
œuvres.

Tout le monde sera d'accord avec le général Prévost
de Vernois, lorsqu'au commencement de son chapitre II il rend hommage au génie de Vauban. « Vau-
« ban, dit-il, n'a pas appris son art dans les écoles,...
« la première place forte qu'il visita le fit ingénieur. Il
« avait l'esprit tellement droit, tellement pénétrant et
« sagace que, sans posséder à un haut degré les sciences
« mathématiques, il devinait l'action de toutes les

« forces de la nature..... Il discernait le vrai du faux
« par instinct, et cette intuition divinatoire ne l'égarait
« jamais. Son coup d'œil rapide et infaillible lui dé-
« couvrait à l'instant le but auquel il voulait atteindre,
« et il y arrivait toujours par la ligne la plus courte et
« la plus sûre. En parcourant la France, il apercevait
« le moyen d'unir toutes les provinces par des voies
« navigables, et il faisait les projets de tous les canaux
« qui ont été construits depuis le siècle de Louis XIV
« et même de tous ceux que nous construisons
« encore aujourd'hui. Il faisait exécuter d'immenses
« améliorations à nos ports de mer, et il a prévu et in-
« diqué toutes celles dont ils sont susceptibles. Il a été
« donné à cet homme extraordinaire de construire
« trente-trois places neuves, de faire travailler à trois
« cents places anciennes, en y faisant des corrections
« ou additions plus ou moins considérables, et, ce qui
« est plus prodigieux encore, de conduire cinquante-
« trois siéges et de se trouver à cent quarante actions
« de vigueur. »

Sauf l'infaillibilité à laquelle il n'est donné à aucun
homme de prétendre, il n'y a rien à retrancher à cet
éloge, et il y aurait même encore à y ajouter, sans toutefois atteindre à ce degré d'exaltation qui fait dire au
général, page 559 : « Ce n'est pas ainsi que l'entendait
« Vauban, ce citoyen par excellence, ce patriote sans
« peur et sans reproche, *le plus grand cœur, la plus*
« *forte tête qu'ait jamais enfanté le monde.* » Mais il
n'est pas besoin de me faire ici le panégyriste de Vauban, cent voix plus éloquentes que la mienne ont déjà
célébré ses louanges, et il s'agit uniquement d'apprécier
les assertions du général Prévost de Vernois à son égard.

La conséquence de toute cette admiration est d'établir que la place de Neuf-Brisach étant la dernière des constructions de Vauban, lorsque l'expérience avait mûri son génie (il avait alors 65 ans), il ne saurait rien exister de plus excellent, puisque son auteur dit lui-même que le tracé de Neuf-Brisach, s'il n'atteint la perfection, en approche du moins beaucoup. Aussi faut-il voir les exclamations qui se pressent sous la plume du général, toutes les fois qu'il en fait mention. C'est le chef-d'œuvre du plus grand génie qui ait illustré l'art de la fortification, c'est un trait de génie, c'est la conception la plus sublime qu'on puisse imaginer, etc., etc., et chacune de ces grandes phrases est suivie de trois points d'exclamation.

Personne ne conteste que le système de la fortification de Neuf-Brisach ne soit bien supérieur à celui des places antérieurement construites, et j'admets même que l'on n'accorde pas aux idées d'ensemble des conceptions plus modernes une supériorité réelle sur celle de Vauban. Aussi, lors même qu'il ne serait connu que par ce travail, ne pourrait-on refuser à son auteur la qualification de grand ingénieur, ou au moins de grand fortificateur ; mais son œuvre ne lui eût point mérité le titre de grand génie ni de grand homme. Ce qui le fait grand aux yeux du monde entier, c'est son noble et beau caractère, c'est sa vertu digne des temps antiques et fabuleux ; ce qui constitue son génie, c'est l'immensité de ses travaux et de ses vues de toute espèce, c'est l'institution du corps du génie, c'est surtout l'invention de l'art moderne des siéges, à laquelle depuis deux siècles on n'a rien trouvé à ajouter, c'est enfin l'application qu'il savait faire en tous lieux des principes de

fortification les plus judicieux, en les pliant avec sou-
plesse aux exigences du sol et de la situation ; mais ce
ne peut être en aucune façon le tracé d'une tour bastionnée qu'il a successivement perfectionné après plusieurs essais plus ou moins défectueux, et qu'on peut
croire qu'il eût perfectionné encore si le ciel lui eût
accordé de plus longs jours. C'est là cependant l'arche
sainte à laquelle, suivant le général Prévost de Vernois,
on ne saurait toucher sans sacrilége.

Vauban, dans son Mémoire au roi sur le projet de
Neuf-Brisach, expose lui-même les propriétés du tracé
qu'il veut faire adopter, et il semble qu'on ne devrait
pas en chercher d'autres que celles que l'auteur y reconnaît ; mais le général en découvre auxquelles il ne
paraît pas que Vauban ait jamais songé, et, dans tous
les cas, il les exagère et les multiplie par des redites
qui pourraient faire croire qu'elles sont beaucoup plus
nombreuses et plus importantes qu'elles ne le sont en
réalité. Examinons-les en suivant, comme le général, le
texte même de Vauban qui les énonce en onze articles.

« 1° La place bâtie ainsi porte naturellement son
« retranchement, le meilleur de tous sans contredit,
« puisqu'il est tout à fait détaché des bastions, du se-
« cours desquels il n'a que faire pour sa défense parti-
« culière. »

Le général Prévost de Vernois insiste beaucoup et
revient souvent sur l'excellence de ce retranchement,
qu'il compare à tous ceux qui ont été proposés depuis,
et qui sont bien loin de le valoir. Il est incontestable
que la tour bastionnée avec le bastion plat, dont elle
occupe le saillant, forme un excellent retranchement

après la prise du bastion détaché, bien préférable à tous ceux qui ont été faits ou proposés, soit par Vauban lui-même, soit par ses successeurs. Ce retranchement, en effet, est le corps de place lui-même, avec escarpes de trente et trente-quatre pieds de hauteur, se flanquant dans toutes ses parties. Or, un corps de place a toujours mieux valu qu'un retranchement, et il remplit dans la place de Neuf-Brisach le même office qu'un bastion ordinaire, par rapport à la contre-garde qui l'enveloppe.

Cette observation n'infirme pas l'assertion de Vauban. Nul doute que le tracé de Neuf-Brisach, que son auteur présente au roi concurremment avec un tracé simple ordinaire, ne valût mieux que ce dernier; car un tracé avec contre-gardes vaut toujours mieux qu'un tracé simple; deux enceintes successives valent mieux qu'une seule; mais la question est de savoir si c'est la tour bastionnée qui en fait tout le mérite, comme le prétend le général Prévost de Vernois. Poursuivous donc la citation de Vauban.

« 2° Ces contre-gardes occupent la place des bas-
« tions et, en ayant toutes les propriétés, sont capables
« des mêmes défenses, avec cette différence que, quand
« les bastions attachés sont ouverts et l'ennemi logé
« en brèche, la défense mollit beaucoup et ne va plus
« guère loin à cause des grands périls auxquels le sou-
« tien des assauts expose la place, au lieu que la dé-
« fense des contre-gardes ou bastions détachés se peut
« opiniâtrer dans toute l'étendue de ces pièces et se
« disputer pied à pied et de traverse en traverse, tant
« que le terrain peut fournir de l'espace à se retran-

« cher, sans exposer la place à qui il reste toujours de
« quoi faire sa défense particulière, parce qu'elle en est
« séparée par un bon fossé. »

Tout cela est parfaitement juste, mais s'applique
exactement de la même manière aux contre-gardes
placées sur un front ordinaire, lorsque d'ailleurs elles
sont bien tracées. Vauban ne dit pas le contraire, il ne
s'en occupe pas du tout ; il dit seulement que ses contre-
gardes présentent de telles propriétés, et ces propriétés
étaient en effet nouvelles, parce que de son temps les
contre-gardes étaient ordinairement flanquées par des
demi-lunes, en sorte qu'elles tombaient en même temps
que ces ouvrages et ne pouvaient faire cette défense
pied à pied dont il est ici question. Mais, en apprenant
de Vauban à faire flanquer les contre-gardes, soit par
elles-mêmes, soit par le corps de place, on obtiendra
toujours un résultat analogue, quel que soit le tracé de
celui-ci, et Vauban restera notre maître, sans que nous
respections strictement pour cela les détails de son
tracé.

On conçoit facilement cependant que le général Prévost de Vernois ne nous fasse pas une telle concession.
Non, dit-il, on ne se défendra pas dans une contre-
garde ordinaire comme dans celle de Neuf-Brisach,
parce qu'elle est beaucoup plus étroite et qu'on n'y
pourra faire les mêmes retranchements. D'ailleurs, la
défense principale devant être par les mines, on n'en
pourra tirer parti dans un ouvrage de vingt mètres de
largeur entre escarpe et gorge revêtues.

Je remarquerai d'abord que le terre-plein haut des
bastions détachés de Neuf-Brisach n'a pas plus de lar-

geur que le terre-plein des contre-gardes ordinaires,
et que ce n'est pas sur le terre-plein bas qu'on pourra
se retrancher. On le fera de traverse en traverse le long
des faces, comme l'indique Vauban. Mais je ferai
observer que, dans l'un comme dans l'autre cas, il est
fort à craindre que ce genre de défense ne soit pas aussi
obstiné que Vauban le voudrait, puisque l'ennemi, une
fois maître de la contrescarpe, peut battre en brèche
la contre-garde sur toute l'étendue de ses faces, et par
conséquent tourner toutes ses traverses. On ne pourrait
s'opposer à ce résultat que par des dispositions exté-
rieures; mais alors ce seraient ces dispositions et non
pas la contre-garde elle-même qui prolongeraient la
défense.

Quant à l'action des mines défensives, il est certain
qu'une largeur de vingt mètres suffit pour la déve-
lopper, lorsque l'on considère surtout que l'assiégé a
toujours intérêt à faire usage de petits fourneaux et que
d'ailleurs l'escarpe étant renversée et les plus grands
efforts devant se diriger contre la rampe de la brèche,
contre le nid-de-pie et contre les cheminements au pied
du parapet, les défenseurs ne risquent nullement de
détruire la gorge servant de contrescarpe au corps de
place. Au reste, je ne voudrais pas soutenir la thèse
qu'un large terre-plein, fût-il même divisé en haut et
bas comme celui de Neuf-Brisach, ne présente pas plus
de ressources pour la defense intérieure pied à pied
qu'un terre-plein plus étroit; mais je veux seulement
combattre les exagérations de l'auteur, qui ne saurait
admettre qu'une contre-garde ordinaire pût se défendre.
Je ferai remarquer, en outre, que la largeur de la contre-garde ne peut s'obtenir que par le rétrécissement

toujours dommageable du fossé du corps de place et par le grand aplatissement du bastion, qui s'oppose à la construction d'un véritable retranchement intérieur, en sorte qu'il faut se contenter à Neuf-Brisach de la contregarde et du corps de place, tandis qu'avec une contregarde plus étroite et un plus grand bastion, on pourrait encore avoir un retranchement en arrière, ce qui compenserait, et au delà, la diminution de la défense de la contre-garde.

Vauban continue ainsi : « 3° que ces tours ne sau-
« raient être battues de la campagne, ni d'aucun autre
« endroit que du sommet des bastions mêmes environ-
« nants ; ni leurs flancs que des autres bastions op-
« posés où l'ennemi ne saurait monter du canon
« qu'avec des difficultés immenses et après en être to-
« talement le maître : encore n'en saurait-il mettre sur
« les flancs de ces pièces sans présenter le rouage à
« la place et se mettre dans les revers de ses tours,
« et par conséquent s'exposer aux flancs, batterie
« d'écharpe, de front et de revers, et à l'effet des mines
« préparées, des bombes, des pierres, etc., sans
« parler du mousquet, qui ne manque personne de si
« près..... On laisse à juger à ceux qui savent ce que
« c'est, du péril et de la peine que l'ennemi aura à es-
« suyer pour pouvoir réussir à se poster assez bien
« pour de là pouvoir battre et démonter les flancs des
« tours, et combien ces chicanes doivent consommer
« de troupes. »

Tout cela est parfaitement vrai, car Vauban n'est pas un homme qui avance légèrement les choses. L'assaut aux contre-gardes et le logement sur leurs terre-pleins serontfort difficiles, et je regarderais comme impossible d'établir une batterie derrière un de leurs flancs, pour battre le flanc de la tour opposée. Mais toutes ces difficultés se rencontrent sur les contre-gardes ordinaires, sauf en ce qui concerne le flanc de la tour, puisque cette tour n'existe pas dans les autres systèmes. Cependant on ne sera pas obligé, pour le contre-battre, de s'établir derrière le flanc même de la contre-garde, et l'on trouvera pour cet objet l'emplacement de trois pièces dans le prolongement de la ligne de défense de la tour sur le terre-plein haut de la face opposée du bastion détaché. Quant à l'angle d'épaule, il sera battu directement par quelques pièces également placées sur le terre-plein de la contre-garde dans le prolongement du flanc. La difficulté restera toujours de hisser des pièces sur la brèche; mais comme la rampe de celle-ci ne sera vue de nulle part, les deux contre-gardes d'un même front devant être simultanément attaquées, cette difficulté sera loin d'être insurmontable, et elle a été surmontée dans un assez grand nombre de siéges.

Vauban dit que les tours ne sauraient être battues de la campagne; mais aussi ne voient-elles rien au dehors, car il leur est impossible de voir sans être vues. Est-ce là un avantage? Oui sans doute, si ce sont de simples retranchements; non, si elles appartiennent au corps de place; car le rôle de celui-ci, armé sur tout son pourtour en temps de guerre, est de surveiller et de battre la campagne dans toutes les directions avant l'ouverture de la tranchée. Ce n'est, sauf de rares exceptions, que lorsque le point d'attaque est déterminé qu'on procède à l'armement des ouvrages extérieurs. Or, les tours bastionnées appartiennent bien, comme je l'ai dit, au corps de place, et les contre-gardes ne sont que des ouvrages extérieurs qu'il faudra cependant maintenir armés, si l'on veut exercer quelque surveillance au dehors. Elles sont comme un demi-corps de place, et en cela le système présente quelque chose de bâtard qui ne saurait être un motif suffisant pour le rejeter, mais qui néanmoins appelle impérieusement une correction, comme l'a bien senti le général Prévost de Vernois lui-même, malgré sa véhémente indignation contre les prétendus correcteurs de Vauban. Mais Vauban a corrigé ou perfectionné le tracé de Belfort par celui de Landau ; il a corrigé et perfectionné celui de Landau par le tracé de Neuf-Brisach, et il est à présumer que, si Dieu eût prolongé ses jours, il aurait pu corriger encore et perfectionner Neuf-Brisach. Ce qu'il n'a pu faire lui-même, est-il interdit à jamais à ses successeurs de le tenter et même d'y réussir ?

Vauban énonce simplement des propriétés réelles de son tracé ; mais le général Prévost de Vernois, pour mieux combattre les successeurs de ce grand homme, les exagère beaucoup. Ainsi, tout en admettant que les tours ne peuvent être battues du dehors, il suppose qu'elles voient bien la campagne, et pour cela il attribue aux diverses parties de la fortification un relief différent de celui qu'elles possèdent en réalité. Il dit, page 286 : « Les tours bastionnées du projet de Neuf-« Brisach, signé par Vauban, ont 11^{m}50 de hauteur à « partir du fond du fossé, avec défilement de 0^{m}50 de « l'avant à l'arrière. Le revêtement du corps de place « a 10^m de hauteur, et la crête du parapet est seulement « élevée de 0^{m}70 au-dessus du cordon. La crête de l'ex-« trémité du flanc des contre-gardes est à 9^{m}80 au-

« dessus du fond du fossé ; la crête de l'extrémité de la
« tenaille à 6ᵐ30 ou 6ᵐ50 au-dessus du fond du fossé ;
« le milieu de la tenaille est moins élevé de 0ᵐ15 en-
« viron que les extrémités. Les chemins couverts des
« bastions sont plus hauts de 0ᵐ20 ou 0ᵐ25 que le mi-
« lieu des tenailles, et l'on peut mettre l'eau dans les
« fossés sur une hauteur de 3ᵐ50 ou 4ᵐ au moins. Ces
« dimensions sont prises sur les dessins originaux de
« Vauban, mais elles n'ont pas toujours été suivies
« exactement dans l'exécution. »

Le général conclut de ces reliefs, qu'on peut regarder,
dit-il, « comme l'expression de la pensée de Vauban, »
que les tours et le corps de place voient suffisamment
ce qui se passe dans les fossés et dans la campagne
« sans que les tours bastionnées soient découvertes
« de plus de 0ᵐ40 à la contre-batterie placée sur
« la crête du glacis de la demi-lune, et de plus de
« 1ᵐ ou 1ᵐ30 au maximum à la contre-batterie placée
« sur le glacis du bastion ; ce qui est sans inconvé-
« nient, surtout si l'on avait donné aux flancs des
« tours une épaisseur de cinq ou six mètres, avec
« plongée au sixième, car les coups ricocheraient sur
« ces plongées. »

Je ne sais quel est celui des profils de Vauban qu'a
consulté le général, car ils ne s'accordent pas fort bien
tous entre eux. Les uns, par exemple, donnent au revêtement de la courtine trente pieds ou près de dix mètres,
comme il est dit plus haut, et d'autres trente-quatre
pieds. Sur certains profils, les contre-gardes dominent
les demi-lunes de trois pieds ; sur d'autres, de deux seulement. Tous s'accordent, il est vrai, à donner deux pieds
de commandement aux tours sur le saillant des contre-

gardes, et cinq pieds des flancs des mêmes tours sur ceux de ces contre-gardes ; mais ces reliefs n'ont pas été suivis dans l'exécution, afin sans doute de mieux couvrir les tours, et l'on ne peut admettre que ce soit contre la volonté expresse de Vauban, qui n'est mort que deux ans après l'achèvement de la place. Quelques-unes des dimensions fixées par son devis ont pu être altérées, et il le dit lui-même ; mais il n'aurait pas souffert que ses reliefs le fussent sensiblement, lorsque rien ne lui était si facile que de faire réduire d'un pied ou dix-huit pouces la hauteur des parapets en terre des contre-gardes. D'après Vauban, les tours ne peuvent être battues de la campagne. Or, avec le relief que le général Prévost de Vernois leur attribue, les flancs en seraient vus de loin sur une hauteur de cinq pieds, qui serait encore augmentée par l'écrêtement des contre-gardes. Le général le sent si bien qu'il regrette que ces flancs n'aient pas une plongée de cinq ou six mètres. Il comprend donc lui-même la nécessité de corriger Vauban.

Le front de Neuf-Brisach, dessiné avec détails dans l'atlas de l'école de Metz, ne porte pas du tout les reliefs indiqués par le général Prévost de Vernois. Ce front a été dressé par le capitaine du génie Petit, mort glorieusement colonel au siége de Zaatcha. Cet officier distingué avait été choisi par le professeur de fortification à Neuf-Brisach, où il était employé, pour le seconder en qualité d'adjoint, et il fut renvoyé dans cette place pour en dessiner un front complet, en ayant sous les yeux la fortification même avec tous les dessins et le devis de Vauban, documents que le général n'a pu que rapidement consulter pendant le court séjour qu'une inspection lui a permis de faire sur les lieux. Le dessin de M. Petit, fruit du travail consciencieux de plus d'un mois, mérite donc toute confiance, et, d'après ce dessin, les flancs des tours ne voient rien absolument dans les fossés des contre-gardes et découvrent à peine la berme du sommet de l'escarpe de ces ouvrages sur une longueur de trente mètres près du saillant. C'est aussi ce qui a lieu dans la réalité. Les assertions du général sont donc fort inexactes, et elles le seraient encore, quoiqu'à un moindre degré, quand même on attribuerait, comme lui, cinq pieds de commandement au flanc de la tour sur celui de la contre-garde. Car si l'œil d'une sentinelle pouvait découvrir alors une petite partie du fossé de cette contre-garde à la surface présumée de l'eau, son coup de fusil partant de la crête n'atteindrait aucun point de cette surface. Mais c'est ici le lieu de réfuter une autre assertion bien plus grave encore.

Nous venons de voir que le général supposait 3^m50 ou 4 mètres de hauteur d'eau dans les fossés. Dans beaucoup d'autres passages de son livre, il insiste sur ce point que le projet de Neuf-Brisach a été conçu pour le cas de fossés pleins d'eau, et il s'appuie sur ce prétendu fait pour repousser quelques critiques de détail qui ont été adressées au système de cette place, et pour justifier quelques corrections qu'il propose, dans le cas où l'on voudrait appliquer le même tracé à une fortification à fossés secs. Eh bien ! il n'existe, à ma connaissance, ni dans les dessins, ni dans les mémoires de Vauban, aucune trace de l'idée de mettre de l'eau dans les fossés. La poterne du corps de place ne débouche qu'à 5 pieds 6 pouces au-dessus de la fondation de la courtine, celle qui traverse la tenaille est au fond même du fossé; disposition que

Vauban s'est bien gardé d'adopter à Landau. L'arête ex-
térieure des embrasures des casemates des flancs n'est
élevée que de 7 pieds, en sorte que tout serait inondé avec
une hauteur d'eau bien moindre que 3^{m}50 ou 4 mètres.
Enfin, Vauban, si habile dans tout ce qui concerne les
manœuvres d'eau, n'a pas exécuté ni indiqué, dans les
fossés de Neuf-Brisach, une seule disposition relative
au rôle que l'eau aurait pu avoir à y jouer pour la défense. Il est vrai qu'avec le canal Vauban ou d'En-
sisheim, on pouvait bien jeter de l'eau dans les fossés ;
mais ce canal, qui d'ailleurs pouvait facilement être
coupé, n'a été construit que sur la demande et sur le
projet de l'entrepreneur Régemorte, dans le but spécial
de conduire les matériaux de construction à pied
d'œuvre, et Vauban aurait d'autant moins voulu rédiger un projet avec fossés pleins d'eau, que la nature
perméable du sol aurait difficilement permis de
compter sur le maintien d'un niveau constant. Après
la construction de la place, en effet, lors des crues du
Rhin, les eaux s'introduisaient par infiltration dans les
fossés, y séjournaient plus ou moins longtemps et y
compromettaient la salubrité de la place. Ce fut ce qui
engagea, vers 1744, le directeur des fortifications de
Strasbourg, du Portal, à y déverser les eaux du canal
Vauban, pour remédier à l'effet délétère des vases
découvertes. Mais les inconvénients de ces eaux stag-
nantes ne furent pas moins grands ; l'on se vit obligé de
s'en débarrasser, et, depuis ce temps, on s'est étudié à
l'assainissement des fossés par la construction d'un
canal de desséchement dont la faible pente ne lui fait
qu'imparfaitement remplir son objet. Le général prête
donc une fausse idée à Vauban, et il commet la même

erreur à propos de Belfort. Des trois places à tours, ce n'est que Landau seule qui a été organisée pour avoir de l'eau dans les fossés. Il résulte de ce nouveau fait, bien certain, que les flancs des tours de Neuf-Brisach ne peuvent rien voir dans les fossés des contre-gardes.

Revenons, après cette longue digression, aux observations de Vauban sur son système. Il y est toujours question des contre-gardes :

« 4° On y peut donc non-seulement attendre l'effet
« des premières, deuxièmes et troisièmes mines, mais
« encore de celles des tours mêmes, sans risquer la
« place, puisque les premières brèches ne seront pas
« capables d'y faire une véritable ouverture, à cause de
« leur derrière, qui demeurera toujours sur son
« plomb. »

On ne saurait disconvenir que la disposition des larges contre-gardes de Neuf-Brisach ne soit plus favorable à la guerre de mines que celle de contre-gardes plus étroites, et qu'on y pourra faire jouer plus de fourneaux. Mais ce genre de guerre exige, pour être bien conduite, une grande intelligence de la part des ingénieurs, et un nombre assez considérable de mineurs exercés dont on ne dispose pas toujours. De plus, dans une place régulière comme Neuf-Brisach, le système de mines devra être préparé sur tous les fronts à la fois. Il est donc fort à craindre qu'il ne puisse être développé sur le front d'attaque autant que le comporterait la grandeur des ouvrages, et qu'il ne réalise pas tous les effets qu'on en pourrait attendre, surtout lorsqu'on aura déjà épuisé, au dehors, une bonne partie de ses munitions et de ses ressources. On peut donc estimer qu'un nombre plus restreint de fourneaux, dans une contre-garde ordinaire, produirait des résultats tout aussi avantageux qu'une disposition plus vaste, dont on ne pourrait entièrement profiter.

Quant à ce que dit Vauban des mines de la tour et de l'avantage du mur de fond, qui restera debout, il est permis de croire que le sentiment de la paternité l'aveuglait un peu, comme tous les autres hommes, sur le mérite de sa conception. Lorsque des batteries de brèche seront bien ancrées sur la contre-garde, la tour sera réduite en poussière, les voûtes seront crevées, et s'il reste quelque chose du mur de fond, l'ensemble de l'ouvrage ne sera plus néanmoins qu'une masse inerte, que l'assiégeant n'aura nul intérêt à occuper. Cependant, les batteries de la contre-garde feront en même temps une brèche très-praticable au saillant du bastion aplati qui s'appuie à la tour, et la rampe de cette brèche masquera tout à fait les embrassures du flanc voisin, si elles ne sont déjà détruites; l'assaut y sera donné avant que l'ennemi ait eu le temps de pousser aucun rameau de mines sous les décombres, et la tour n'aura pas ajouté par elle-même de difficulté à cet assaut. La tour voisine sera dans le même état, et il y aura déjà long-temps que les petits flancs de courtine seront hors de service. Ce n'est pas à dire pour cela que la prise du corps de place ne présentera plus aucune difficulté, et qu'on ne pourra la retarder par diverses chicanes et par une vigoureuse et intelligente défense; mais je veux faire voir seulement que ces difficultés ne proviendront pas de la tour, et qu'elles ne seront pas autres, si elles ne sont moindres, que toutes celles qu'on éprouverait dans une place ordinaire à enceinte redoublée.

Vauban continue ainsi :

« 5° La garde ordinaire des places, suivant ce sys-
« tème, sera beaucoup plus commode, parce que les
« rondes n'auront pas tant de chemin à faire et qu'il y
« faudra moitié moins de sentinelles. »

Il faut s'entendre sur ce que Vauban veut dire par la
garde ordinaire. Est-ce celle du temps de paix, et n'a-
t-on en vue que la garde du corps de place? Il a parfaitement raison pour ce cas ; mais s'il s'agit du temps de
guerre, il n'en est plus ainsi, même en supposant que
les reliefs fussent tels que les indiquent les premiers
profils de Neuf-Brisach, puisque la sentinelle de la tour
ne pourrait rien voir de ce qui se passe dans les fossés
des contre-gardes et des demi-lunes, ni même sur la
plus grande partie des glacis.

Cette objection et celle de la difficulté des communications et des rondes avaient été faites, à propos du
système de Landau ,à Vauban lui-même, qui a cru devoir y répondre: « ... On demeure d'accord, dit-il,
« que la communication des troupes et du canon sera
« plus difficile dans les bastions détachés que dans les
« autres ; mais ce sera peu considérable, attendu que
« l'intention est de faire la communication de la place
« aux gorges de ces bastions de plain-pied, sans être
« obligé de monter ni descendre, moyennant quoi,
« hors le défilé à quoi ceux-ci seront obligés, la peine
« sera presque égale, parce qu'il faut monter sur le
« rempart de l'une comme de l'autre : aussi toute la
« difficulté se réduit au remplacement des pièces dé-
« montées, qui n'est pas sans remède, puisqu'il n'y
« aura qu'à les mener en traîneaux séparées de leurs

« affûts..... Ainsi, pourvu que les ponts soient bons,
« cette difficulté se réduira à fort peu de chose. »

Cela est vrai jusqu'à un certain point ; mais que des
obus ou des bombes viennent à rompre les deux ponts
qui mènent à la gorge, et voilà cette communication,
fort tortueuse d'ailleurs et fort difficile, tout à fait in-
terrompue. C'est dans cette crainte sans doute, et avec
raison, que Vauban l'a faite double, ce qui diminue
beaucoup la chance d'interruption sans la détruire entièrement cependant. Mais, lorsqu'on pense qu'en temps
de guerre, à moins de se contenter de communiquer au
moyen d'échelles, il faut entretenir à Neuf-Brisach seize
semblables ponts de 28 mètres de longueur, sans compter seize ponts moindres pour les tenailles, si l'on veut
pouvoir faire des rondes sur les contre-gardes qui joue-
ront le rôle d'un corps de place, on sera forcé de convenir que cette disposition n'est pas des plus heureuses.

Vauban continue : « On répondra à la deuxième objec-
« tion, que les bastions détachés étant tout à fait sépa-
« rés du corps de place, ce service (celui des rondes) en
« est bien plus aisé ; il ne sera question de les garder
« que dans le temps qu'on fait garde dans les autres
« dehors ; et le circuit du vieux système étant de
« 1714 toises, et celui du nouveau seulement de
« 1168, il s'ensuivra que les rondes auront beaucoup
« moins de chemin à faire que dans le premier, et qu'il
« suffira d'avoir une sentinelle dans chacune des tours
« bastionnées, au lieu qu'on en pose ordinairement trois
« la nuit dans chaque bastion pendant la guerre ; de
« sorte que si ce dessin-ci a lieu, on pourra épargner
« quatorze sentinelles ; d'où il suit nécessairement que

« la place bâtie suivant cette hypothèse sera de moin-
« dre garde que les autres et beaucoup moins fati-
« gante pour les rondes. »

Cette réponse pouvait être à peu près satisfaisante
pour Landau, parce que, les fossés étant pleins d'eau,
on peut, à la rigueur, se borner à la garde du corps de
place sur les fronts qui ne sont pas attaqués ; mais elle
n'est nullement applicable à Neuf-Brisach, et, dans
tous les cas, des sentinelles placées à près de trois
cents mètres les unes des autres en temps de guerre
feront toujours une fort mauvaise garde pendant la
nuit.

Je ferai remarquer, à propos des citations précé-
dentes, que M. le général Prévost de Vernois confond
à tort ce que Vauban dit de Landau avec ce que lui-
même attribue à Neuf-Brisach. On ne tardera pas à voir
les malentendus qui pourront en résulter. Mais retour-
nons aux extraits du Mémoire de Vauban sur le projet
de Neuf-Brisach.

« 6° Ces tours portent leurs contre-mines avec elles,
« par la profondeur de leur souterrain, dont le fond
« se trouvant très-voisin des mines, il sera aisé de les
« prévenir, les éventer, et de les empêcher de nous
« prendre le dessous. »

Cela est vrai ; mais je doute fort que Vauban, s'il di-
rigeait lui-même l'attaque, se livrât à une guerre de
mines sous la tour ruinée et ne pénétrât pas, comme je
l'ai dit, dans la place par des brèches plus ou moins
voisines de cette tour. Je ferai observer, en outre, qu'il
ne parlerait pas ainsi de mines au-dessous de la tour,

s'il avait eu l'intention de mettre de l'eau dans les
fossés.

« 7° Elles n'ont pas lieu de craindre les ricochets ni
« les bombes, qui sont les foudres des places de ce
« temps-ci, parce que, pour que l'un et les autres puis-
« sent leur préjudicier, il faudrait les pouvoir voir de
« loin, ce qui ne se pourra ; et quand on les verrait,
« leur petitesse donne peu de prise aux bombes et point
« du tout au ricochet. »

Cela n'est vrai que pour le ricochet, mais l'est assez
peu pour les bombes et les autres feux courbes. Il tombera sans doute moins de bombes sur une tour de
25 mètres de diamètre que dans un grand bastion,
mais elles y feront beaucoup plus de ravages, surtout
avec la précaution qu'a prise Vauban de la fermer par
un mur à la gorge. Quant à ne pas voir les tours du dehors, je ne saurais l'admettre, et Vauban lui-même,
tout en l'énonçant, n'insiste pas pour le faire croire.
Les tours seraient parfaitement vues avec les reliefs
cités par le général ; elles le sont même aujourd'hui
en se tenant un peu loin dans la campagne, et la précision du tir de l'artillerie est telle, qu'elles ne manque-
raient pas d'être fort tourmentées et de loin et de
près.

« 8° Ces mêmes souterrains pourraient servir de
« caves très-bonnes et très-spacieuses à la place. »

Cette assertion est parfaitement exacte ; mais elle est
également vraie pour tous les systèmes qui comportent
des casemates bien organisées.

« 9° De très-bons magasins à poudre, plus sûrs que

« les ordinaires, mieux placés et capables d'une bien
« plus grande quantité de poudre, puisqu'ils peuvent
« en contenir 7 ou 800 milliers, ce qui fera qu'on
« n'aura pas besoin d'en construire d'autres. »

Ces magasins, dont Vauban exagère beaucoup la capacité, présentent cependant ce grave inconvénient
que si, par quelque accident toujours à craindre dans
les grands mouvements de poudre que nécessite la défense, l'un d'eux vient à faire explosion, il ouvre indu-
bitablement la place.

« 10° Leur haut pourra servir de très-bons greniers
« pour 20,000 septiers de grains, s'il est besoin d'au-
« tant, si on les couvre et qu'on y fasse des plan-
« chers..... »

On doit faire observer, cependant, que ces magasins
ne dispenseront pas de ceux qui sont nécessaires pour
l'approvisionnement de siége de la place, puisqu'ils devront être évacués à la première menace d'attaque.

« 11° Si le roi agrée ce système, il est très-sûr que
« la place sera fermée un an plus tôt et que, si on est
« pressé, on pourra faire tous les dehors de terre et à
« la hâte, pour après les faire à loisir, pièce après
« l'autre, selon le temps qu'on aura d'y travailler,
« qualité qui est encore très-avantageuse. »

Ces considérations ne sont pas d'une grande importance et peuvent s'appliquer aux dehors des autres
places. Vauban ajoute :

« Il faut avouer que toutes ces propriétés, qui ne se
« trouvent point dans les autres systèmes, et notam-
« ment cette prolongation certaine de défense d'un

« grand tiers, ou de moitié de plus, sans exposer la
« place à être emportée, acquiert un grand mérite au
« système, et le met fort au-dessus des autres. »

Les autres systèmes dont parle ici Vauban sont ceux
à grands bastions ordinaires, avec ou sans orillons, qui
avaient été présentés simultanément avec celui à tours
et à contre-gardes. Or, il est incontestable que les
avantages attribués par Vauban à son nouveau système
sont fort réels. On conçoit sans peine, en effet,
qu'une enceinte redoublée doive offrir plus de résistance qu'une simple enceinte non recouverte. Là n'est
pas la question : il s'agit de savoir si cette enceinte redoublée doit être employée dans tous les cas et si, lorsqu'on la juge nécessaire, elle est tellement parfaite,
qu'il soit interdit de chercher aucune autre combinaison, en un mot, si elle doit être adoptée comme type
invariable, ainsi que le voudrait le général Prévost de
Vernois. N'est-il pas évident qu'une fortification plus
simple, et par suite moins dispendieuse, doit être appliquée aux fronts des places qui ne sont pas des points
d'attaque, et que pour ceux-ci, qui sont ordinairement
des saillants prononcés, le système doit varier selon les
circonstances, la nature et la forme du terrain, en
cherchant à éviter, autant que possible, les imperfections et les inconvénients qui auront pu être reconnus
au système de Neuf-Brisach ?

Vauban insiste peu, dans ce que je viens de rapporter, sur les avantages des casemates de ses tours et de
celles des flancs de courtine, pour la défense des
contre-gardes et des tours ; mais il n'en est pas de
même du général, qui y revient à plusieurs endroits de
son livre, en leur attribuant la propriété d'agir contre

l'ennemi sans pouvoir être contre-battues. Il confond évidemment ici le tracé de Neuf-Brisach avec celui de Landau. Dans cette dernière place, en effet, les casemates des tours ne peuvent être vues du terre-plein des contre-gardes opposées. Mais qu'en résulte-t-il? Qu'elles ne voient elles-mêmes absolument rien que le pied de la courtine et des flancs, qu'elles tirent l'une contre l'autre, qu'elles ne défendent même pas les fossés des faces des tours. C'est ce défaut fort grave, et qui les rend à peu près nulles pour la défense, que Vauban a corrigé dans le tracé de Neuf-Brisach; mais alors, en voyant jusque sur le terre-plein des contre-gardes, les casemates en seront vues, et voilà ce que nous dit le général lui-même, page 318, à propos du système de Montalembert : « ..... Si l'on se rappelle le « triste rôle qu'ont joué des batteries placées derrière « des murailles à Pampelune, en 1823, et dans beau-« coup d'autres circonstances, on sera très-porté à « croire que les six bouches à feu du couronnement du « chemin couvert auront, dans très-peu de temps, dé-« truit toute la casemate qui contient sur deux étages « les 24 bouches à feu de M. de Montalembert. » Et plus loin, page 379, dans l'examen du système de La-chiche : « ..... A quoi me servirait d'accumuler cent « pièces de canon sous des casemates, si ces pièces ou « leurs parapets en maçonnerie et leurs embrasures, « pouvaient être réduits en poudre par cinq ou six « pièces plus avantageusement placées et couvertes par « des parapets en terre ? » Enfin il dit, page 671, dans l'exposition de son propre tracé : « Les flancs peuvent « être armés de deux étages de canons sous voûtes, qui « ne peuvent être contre-battus. Cette condition est

« nécessaire ; car, d'après les expériences de Bapaume,
« il est constaté que des casemates en maçonnerie
« sont détruites en très-peu de temps, par quelques
« coups de canon tirés sur le mur de masque. »

J'ai assisté aux expériences dont parle ici le général.
On tirait contre deux embrasures, dont une était à
moitié cachée par l'orillon d'un flanc, et, après chaque
salve, nous allions constater les effets produits. Dès les
premiers coups on put juger que les casemates n'étaient
pas tenables, et bientôt elles ne présentèrent plus
qu'un monceau de décombres. Quelle valeur défensive,
d'après cela, peut-on attribuer aux casemates de Neuf-
Brisach qui, tirant d'ailleurs de bas en haut, n'auraient
que peu d'effet pour empêcher la construction d'une
contre-batterie sur le terre-plein supérieur de la contre-
garde opposée ? Cependant le général, qui ne semble
pas craindre les contradictions et qui, comme je l'ai
dit, confond les casemates de Neuf-Brisach avec celles
de Landau, écrit, page 340, à propos de critiques faites
par Carnot : « Il n'est pas juste de dire que les case-
« mates de Neuf-Brisach n'atteignent pas le degré de
« perfection désirable ; car il est impossible d'en ima-
« giner de plus parfaites, puisqu'on peut y faire un feu
« soutenu d'artillerie, et qu'en outre *il est impossible*
« *à l'assiégeant de les contre-battre.* Jamais casemate ne
« pourra atteindre à ce point de perfection ; ce qui
« n'empêche pas qu'il soit très-convenable que les in-
« génieurs cherchent à en construire d'autres ; quand
« bien même elles pourraient être contre-battues,
« elles ne seraient pas moins très-utiles et très-néces-
« saires. »

On trouve à la fois, dans ce passage, erreur, car les

casemates de Neuf-Brisach peuvent être contre-battues, exagération, car elles ne sont pas les plus parfaites qu'on puisse imaginer, et enfin contradiction, non-seulement parce qu'il n'y a pas lieu de chercher à dé-passer la perfection, mais parce que des casemates qui peuvent être contre-battues ne remplissent pas la condition que le général a énoncée comme nécessaire et, par conséquent, ne sauraient être très-utiles.

Je ne suivrai pas le général dans toutes ses admira-tions outrées pour la dernière œuvre de Vauban ; je ne m'attacherai pas non plus à faire la critique détaillée du système de Neuf-Brisach, qui, malgré ses mérites, présente, comme toutes les œuvres humaines, un cer-tain nombre d'imperfections dont j'ai déjà relevé quelques-unes. Tel n'est pas mon but. Ce que je me propose surtout, c'est de défendre les successeurs de notre grand ingénieur contre des attaques injustes et passionnées. En remplissant cette tâche d'ailleurs, j'aurai de fréquentes occasions de revenir sur l'examen incomplet auquel je viens de me livrer. Passons donc à la discussion des griefs que le général accumule d'abord contre Cormontaingne.

CORMONTAINGNE

ET SES SYSTÈMES.

Le général Prévost de Vernois débute ainsi dans son premier chapitre : « Le siècle de Louis XV a été pour « l'art de la fortification un siècle de décadence et « d'erreurs. » Puis il ajoute, page 118 : « Quelques « pygmées du siècle dernier, grimpant les uns sur les « autres, sous le prétexte de déposer une couronne « d'immortelles sur le buste de Vauban et de l'en- « tourer de leurs hommages, l'ont mutilé, renversé et « traîné dans la boue. Ils ont réussi à nous faire dé- « serter les vrais principes posés par notre grand « maître sur la fin de sa carrière, et y ont substitué les « règles les plus puériles et les combinaisons les plus « mesquines et les plus ridicules. »

Ces pygmées sont Cormontaingne et Fourcroy; et, après avoir lu leurs mémoires, il n'est pas un ingénieur, s'il n'est saisi de vertige, qui puisse les accuser d'avoir traîné Vauban dans la boue, et qui leur fasse la grave injure de supposer qu'une telle pensée ait pu naître dans l'esprit des deux plus fervents disciples de ce grand homme.

« Cormontaingne, dit le général page 149, est, de
« tous les ingénieurs qui sont venus après notre grand
« maître, celui qui a le plus contribué à le décrier....
« Il a l'honneur, si honneur il y a, d'avoir le premier
« attaqué le tracé de Neuf-Brisach, et il est important
« d'examiner avec la plus scrupuleuse attention ses
« écrits et ses opinions, de le suivre pas à pas dans sa
« marche oblique, dans ses stratagèmes et dans ses
« insinuations, et surtout de bien regarder s'il n'a pas
« motivé son acte d'accusation sur des faits matériel-
« lement faux.

« Comme il s'agit ici de la réputation de deux hom-
« mes célèbres, quoiqu'à divers titres, nous citerons
« textuellement ; car il importe qu'on ne puisse nous
« accuser de travestir les pensées de Cormontaingne
« pour en faire plus aisément justice. » Ici le général
fait une première citation du mémorial de Cormontaingne que je ne crois pas utile de rapporter, puis il
la continue ainsi, page 150 : « C'est pour obtenir cette
« double enceinte que M. de Vauban détache le bastion
« du corps de place, à son tracé de Neuf-Brisach ; mais
« quand il fit cette place, vers 1698 ou 1700, il n'avait
« pas encore reconnu le désavantage des tours bas-
« tionnées ; au lieu qu'en 1706, l'année avant sa
« mort, lorsqu'il mit par écrit ses dernières ré-
« flexions sur le mérite des divers ouvrages de fortifi-
« cation, dans son mémoire sur la défense des places,
« ce fut alors qu'il nous déclara toute la préférence
« qu'il donnait finalement et décidément au petit ou
« moyen bastion dont il s'agit ici, sur les tours bas-
« tionnées dont il ne dit pas un mot ! ! »

Et là-dessus, grande colère et grande exclamation du

général, qui nous dit : « Où Cormontaingne a-t-il dé-
« couvert que Vauban abandonne l'idée des tours bas-
« tionnées dans son écrit de 1706...? Il serait bien
« étonnant que les contemporains de Cormontaingne
« eussent été dupes d'un pareil subterfuge... Il serait
« bien extraordinaire que nos devanciers, dans une
« chose aussi grave, et lorsqu'il s'agissait *de corriger*
« *Vauban*, eussent cru Cormontaingne sur parole et
« qu'ils n'eussent fait aucune recherche pour vérifier si
« effectivément Vauban, sur la fin de sa vie, avait aban-
« donné son système à tours bastionnées... Cormon-
« taingne a écrit lui-même sa condamnation, car il est
« faux que Vauban ait abandonné sur la fin de ses
« jours son système à tours bastionnées.... De deux
« choses l'une : ou l'on a voulu nous tromper... ou l'on
« a été induit en erreur par une mauvaise édition de la
« *Défense des places*, dans laquelle on avait mêlé et con-
« fondu un discours de Deshoulières. On lit effecti-
« vement dans ce discours : Le plus sûr et le plus utile
« de tous les retranchements est celui d'un petit ou
« moyen bastion, dans les bastions attaqués, d'autant
« qu'un retranchement fait de cette manière forme
« une seconde place qui a presque les mêmes dé-
« fenses... »

C'est en effet là la source de l'erreur; mais la mauvaise édition de Vauban était de 1769. Ce ne peut donc
être Cormontaingne, dont les mémoires sont de beaucoup antérieurs, et qui était mort à cette époque, qui
y soit allé puiser. Comment le général, dans son
étonnement de ce que nos devanciers n'aient fait
aucune recherche pour vérifier si Vauban avait effecti-
vement condamné ses tours, n'a-t-il pas fait lui-même

des recherches pour s'assurer si Cormontaingne avait
écrit cette assertion, avant d'en faire contre lui la base
d'une accusation de mensonge et de calomnie ? Car ce
sont des expressions qu'il ne ménage pas en parlant de
ce célèbre ingénieur. Or, en parcourant les manuscrits
de Cormontaingne, on n'y trouve pas un mot de ce que
lui attribue ici le général. C'est dans le mémorial im-
primé qu'il a pris la phrase qu'il cite, et tout le monde
sait, le général Prévost de Vernois aussi bien qu'aucun autre, puisqu'il le dit dans son ouvrage, que les
mémoires de Cormontaingne ont été arrangés par
Fourcroy et publiés sur les manuscrits de cet auteur. Il
ne fallait donc que se donner la peine d'ouvrir les mémoires de ce dernier pour y trouver la phrase incri-
minée. C'est ce que j'ai fait avant d'écrire ces lignes.
Mais qu'importe pour le général : Cormontaingne et
Fourcroy, c'est tout un, et il ne veut voir dans ce malentendu qu'une supercherie dont il ne nous est plus
permis d'être dupe « depuis que nous avons vu sur le
« manuscrit de Deshoulières cette note écrite de la
« main de Vauban : Et que feront les bombes ? seront-
« elles sans effet dans ces petits bastions ? »

Le général Prévost de Vernois, par une disposition
fâcheuse de son humeur, voulait voir partout de l'intrigue et de la supercherie, et dans cette affaire il n'y a
eu que de l'erreur. Erreur du premier éditeur Jombert,
qui, en 1769, sur la foi d'un manuscrit fourni par Bélidor, mêla le discours de Deshoulières avec l'ouvrage de
Vauban qui était alors fort peu connu, et c'est sur cette
édition fautive qu'en furent publiées successivement
deux autres, jusqu'à ce que M. le général de Valazé
étant parvenu à se procurer le mémoire authentique de

Vauban, ait donné l'édition rectifiée de 1829, à la suite de laquelle il fit imprimer pour la première fois à part le discours de Deshoulières sur la défense des places. Jusqu'à cette époque, tous les ingénieurs avaient été également trompés, et Fourcroy n'avait fait que partager l'erreur générale. Quant à Cormontaingne, il n'était ni trompeur ni trompé, et l'on ne peut voir qu'avec un extrême regret les expressions outrageantes employées à son égard.

Cormontaingne, il est vrai, en donnant la correction du front de Neuf-Brisach, s'appuie sur un autre fait dont l'énonciation ne semble pas moins criminelle au général et qu'il traite de calomnie. C'est que, de son temps, les tours bastionnées étaient tombées en discrédit. Mais, que le discrédit des tours fût bien ou mal fondé, cette assertion n'a rien de calomnieux. Cormontaingne devait mieux connaître que le général Prévost de Vernois l'opinion des ingénieurs de son temps à cet égard, et l'on ne voit pas d'ailleurs que depuis Vauban jusqu'à lui aucun d'eux ait fait construire ou seulement préconisé aucune tour à l'instar de celles de Neuf-Brisach ; en sorte qu'on ne saurait attribuer l'abandon de ces tours aux mémoires de Cormontaingne, lesquels d'ailleurs, au dire du général, étaient peu recherchés de son temps et sont restés dans la poussière des bureaux de la guerre jusqu'à ce que Fourcroy soit venu les en tirer.

Le général accuse encore Cormontaingne de ruse pour avoir couvert ses propres ouvrages de l'autorité du grand nom de Vauban, lorsqu'il dit : « Enfin, si nous « réunissons les idées du tracé de Neuf-Brisach et les « petites additions qu'on y a faites pour Metz, il en ré-

« sulte un front tel que celui de Neuf-Brisach, quant
« au tracé principal, mais amélioré. » Je ne saurais
voir là aucune ruse. Il est certain que le front simple
de Cormontaingne n'est pas celui de Neuf-Brisach ;
mais il est certain aussi qu'il lui ressemble, quant au
tracé principal, si l'on entend, comme son auteur, par
ce tracé, celui des bastions détachés et de la demi-lune.
Ce n'est pas ce que veut le général Prévost de Vernois,
qui, dans le tracé de Neuf-Brisach, considère principalement les tours. Il n'y a donc là qu'un malentendu
entre les deux ingénieurs. Cependant, si l'on ne partage
pas l'indignation du général, on ne peut se défendre
d'un sourire en continuant de lire : « Nous comptons
« faire voir, par un examen bien discuté, un très-grand
« nombre de preuves de l'excellence de ce tracé, que
« nous regardons comme le plus parfait qui ait été
« imaginé jusqu'à présent. Nous sommes persuadé
« qu'aucun autre système, soit ancien, soit moderne,
« quelque chargé d'ouvrages qu'il puisse être, n'équi-
« vaut à celui-ci, tout simple qu'il est, et nous comp-
« tons en porter les preuves, dans nos mémoires,
« jusqu'à la démonstration. » Ces preuves, le général
prétend, avec quelque raison, que Cormontaingne ne les
fournit pas, et c'est là ce qu'il taxe surtout de tactique
audacieuse. Quant au reste de ce paragraphe et à quelques autres passages analogues, il les dénonce comme
la preuve d'une insolente vanité.

Hélas ! qui donc parmi nous peut être entièrement
à l'abri du reproche de vanité? et la malice ne trouvera-
t-elle pas à s'exercer sur le compte de l'auteur, lorsqu'après l'exposition de tous les avantages qu'on devra
tirer des modifications qu'il propose lui-même au front

de Vauban, il s'écrie dans son enthousiasme, page
490 : « Comment avons-nous méconnu les propriétés
« de ce chef-d'œuvre du plus grand génie qui ait
« illustré l'art de la fortification, de ce tracé sublime
« *qui nous promettait de si beaux résultats !* »

Cormontaingne, indépendamment du front qu'il représente comme ce qu'il y a de plus parfait, avait indiqué pour le front de Neuf-Brisach une correction dont
le général Prévost de Vernois donne la disposition générale sur la figure 5 de la planche première de son
atlas. Le caractère le plus saillant de ce nouveau tracé
est la suppression des tours bastionnées et des deux
petits flancs de courtine, et leur remplacement par deux
bastions de moyenne grandeur, tracés en arrière des
contre-gardes et formant un front ordinaire de corps de
place, dont la perpendiculaire seulement est moindre
par rapport au côté du polygone fortifié que celle du front
extérieur. Des casemates pour quatre pièces sont mé-
nagées sous chaque flanc. Mais ces flancs, au lieu d'être
placés comme ceux des tours en avant des lignes de défense des contre-gardes, sont situés en arrière, de manière à n'avoir d'action que dans les fossés du corps de
place et sur une partie du terre-plein des contre-
gardes.

Malgré l'observation de Vauban sur l'effet des bombes dans les moyens bastions, j'avoue, dans ma simplicité, que je trouve ce tracé préférable à celui de Neuf-
Brisach. Il sera facile, au moyen d'une traverse en
capitale des bastions, de les diviser en deux parties qui
ne seront pas plus grandes que les tours, et cette traverse, qui arrêtera le ricochet, donnera un facile abri
contre les obus et les bombes.

Mais le général Prévost de Vernois trouve ce tracé détestable, parce que les flancs de l'enceinte, au lieu d'être couverts par les contre-gardes comme ceux des tours, ne le sont qu'incomplétement par la tenaille, et que d'ailleurs la direction de ces flancs est telle qu'ils ne peuvent défendre les fossés ni les sommets des escarpes des contre-gardes. Aussi, au lieu de trois mois et plus de durée qu'il attribue à la défense du front de Neuf-Brisach, n'accorde-t-il que douze jours à celle du front de Cormontaingne. Cependant on a vu que les flancs des tours n'avaient en réalité aucune découverte dans les fossés extérieurs, et que si leurs parapets en pierre pouvaient battre en partie la berme du sommet de l'escarpe des contre-gardes, ils seraient vus eux-mêmes et ruinés par conséquent par la contre-batterie de la place d'armes saillante du chemin couvert du bastion. Telle est sans doute la raison pour laquelle Cormontaingne n'a pas cherché à imiter ce détail du tracé de Vauban.

L'appréciation que fait le général du degré de résistance des deux fronts est tout à fait arbitraire; et, ce que je pourrais accorder seulement, c'est que ces deux fronts, présentant l'un et l'autre une double enceinte dans des circonstances à peu près semblables, pourront tenir le même nombre de jours; mais alors, il reste au tracé de Cormontaingne l'avantage d'une plus grande simplicité, et une facilité plus grande pour la construction d'un retranchement intérieur, bien que je n'attache pas à ce dernier point une grande importance, à cause de la possibilité de faire dans l'un et l'autre front une brèche en avant de l'angle de flanc. Mais laissons là ce projet de Cormontaingne, qui est purement théorique, pour nous occuper de son front proprement dit qui, jusqu'ici, a servi de base en France à l'enseignement dans les écoles du génie.

Le général Prévost de Vernois s'exprime ainsi, page 168, à propos des perfectionnements apportés par Cormontaingne au front ordinaire de fortification :

« Faisons l'inventaire exact du bagage avec lequel on « a acheminé Cormontaingne vers l'immortalité. On lui « fait honneur généralement : 1° D'avoir supputé, par « les journaux de siége fictifs, la durée de la résistance « de chaque place et d'une pièce de fortification ;

« 2° D'avoir inventé, dans l'intérieur des bastions, « plusieurs espèces de retranchements qui ne sont pas « indiqués par Vauban ;

« 3° D'avoir agrandi la demi-lune et augmenté sa « saillie sur le côté extérieur du polygone ; d'avoir « également agrandi le réduit de la demi-lune, en ré- « duisant à 10 mètres la largeur du terre-plein de cette « demi-lune ;

« 4° D'avoir découvert les propriétés du tracé en « ligne droite ;

« 5° D'avoir augmenté les dimensions des places « d'armes rentrantes, et d'y avoir établi des réduits « revêtus et terrassés ;

« 6° Enfin, d'avoir indiqué des coupures à l'extré- « mité des branches des demi-lunes.

« Examinons, dans l'ordre inverse, en commençant « par le n° 6, ces prétendus perfectionnements. »

Le général oublie, dans cette longue énumération, l'amélioration que je regarde comme la plus importante de toutes, celle qui consiste à couvrir par la crête des glacis les maçonneries des escarpes revêtues.

Nous y reviendrons; mais suivons-le, en attendant, dans son examen.

Les coupures des branches des demi-lunes ne sont pas assurées, dit-il, parce qu'elles peuvent être mises en brèche en même temps que le saillant, en prolongeant le couronnement du chemin couvert et tirant obliquement. Cette objection peut paraître assez singulière de la part du général, qui veut qu'on défende la demi-lune et les contre-gardes de Vauban en se retirant de traverse en traverse le long des faces. Or, une coupure revêtue, fût-elle susceptible d'être mise en brèche à l'extérieur par un tir oblique fort difficile, vaudra toujours mieux qu'une simple traverse. Je ferai observer, en second lieu, que la brèche à la coupure ne sera pas faite en même temps que celle du saillant, puisqu'il faudra prolonger le couronnement du chemin couvert, ce qui est une opération d'autant plus longue et d'autant plus périlleuse, qu'on s'approche plus du rentrant. On ne voit pas d'ailleurs que, du temps de Cormontaingne et depuis lui jusqu'à nos jours, on disposât dans les armées d'une telle quantité d'artillerie de siége qu'on pût armer en même temps un grand nombre de batteries de brèche, en sorte qu'on doit admettre que les mêmes pièces serviraient pour la brèche du saillant, puis pour celle de la coupure. Car, lorsque nous voulons juger Cormontaingne, il faut nous transporter à son époque, et ne pas nous prévaloir de perfectionnements modernes de l'artillerie que l'expérience des siéges n'a pas encore sanctionnés. Enfin, j'ajouterai que la coupure n'est dans Cormontaingne qu'un accessoire qu'il ne recommande principalement que pour le cas où l'on construit sur le bastion une contre-garde flanquée par la demi-lune. Ce n'est pas là une invention qu'on puisse lui attribuer ; mais, quelque défectueuse que soit une coupure, elle a toujours une certaine valeur.

Personne n'a regardé comme un perfectionnement l'agrandissement des places d'armes rentrantes, et Cormontaingne n'y a été conduit que par la nécessité de faire place à son réduit ; mais cet agrandissement ne détruit pas les rentrants, comme le dit le général, bien qu'il les réduise évidemment, parce que, dans l'appréciation des rentrants, il ne faut pas tenir compte seulement de l'emplacement d'un ouvrage par rapport à la ligne droite qui joint deux saillants voisins, mais il faut avoir égard encore à l'action des reliefs, ce que néglige le général. Ce ne sont guère, en outre, les fronts très-ouverts qu'on attaque ; mais, en supposant qu'il en fût ainsi et que l'ennemi couronnât la place d'armes rentrante avant le chemin couvert du bastion, auquel cas la retraite de ce chemin couvert ne pourrait plus se faire par la place d'armes, rien n'empêcherait d'accoler un escalier portatif à l'arrondissement de la contrescarpe. C'est de cette manière que Cormontaingne entend que se fera la retraite de la place d'armes saillante et même des branches du chemin couvert de la demi-lune. Le siége de Lille, en 1707, nous a donné l'exemple de défenseurs de chemins couverts qui, pressés de droite et de gauche par deux couronnements qui les resserraient entre deux traverses, se retirent dans la place à travers des fossés pleins d'eau.

Quant aux réduits de places d'armes, le général les foudroie par ce principe, que « le plus mauvais ouvrage « de fortification qu'on puisse inventer est, sans con-

« tredit, celui dont la chute dépendrait de celle d'un
« ouvrage plus avancé, duquel même il tirerait son
« flanquement, surtout si l'on pouvait y entrer sans
« être obligé d'y faire brèche et sans avoir à essuyer
« ni un coup de canon ni même un seul coup de fusil
« de la part de l'assiégé. » Le réduit de Cormontaingne, en effet, tombe après la demi-lune, dont il
tire son flanquement; mais c'est à tort que le général
suppose que la prise des deux ouvrages sera pour ainsi
dire simultanée. Il faudra d'abord que l'ennemi s'éta-
blisse solidement au sommet de la brèche du saillant de
la demi-lune; puis qu'il déloge entièrement les défenseurs de derrière quelque traverse qu'ils auront établie
en avant de la face du réduit de place d'armes, ce qui ne
sera pas chose facile sous le feu à bout portant du réduit de demi-lune; enfin, qu'il chemine dans l'épaisseur du parapet de la face, pour venir tourner le réduit,
en chasser les défenseurs et leur en interdire tout re-
tour. Ce ne sera pas là l'affaire de moins de 24 heures,
comme l'insinue le critique, et il est même fort à croire
que l'ennemi n'y parviendra guère avant la prise du
réduit de demi-lune. Pendant ce temps, le réduit de
place d'armes aura largement rempli son objet, et l'on
ne peut disconvenir d'ailleurs que l'existence d'une
coupure devrait puissamment aider à prolonger son
occupation. Cependant le défaut relevé ici par le général,
et que beaucoup d'autres avaient signalé avant lui, est
fort réel, et les ingénieurs modernes ont bien raison
de chercher à le corriger.

Un autre défaut encore que lui reproche le général,
c'est qu'il gêne les feux du bastion sur le couronnement
du chemin couvert de la demi-lune. Mais supprimez ce

réduit et remplacez sa crête par celle de la place
d'armes rentrante, elle gênera pareillement. C'est-à-
dire que, quel que soit le système qu'on adopte, la face
du bastion et le chemin couvert en avant ne pourront
jamais tirer simultanément, surtout de nuit. Il en sera
de même de la place d'armes rentrante et de son réduit.
Tant que la première sera occupée autrement que par
quelques hommes au saillant, le réduit devra se taire et
ne loger qu'une garde destinée à repousser l'ennemi,
s'il tentait sur la crête du glacis un couronnement de
vive force. Je sais bien que la disposition du réduit de
Cormontaingne est loin d'être parfaite; mais les imperfections de cet ouvrage n'autorisent nullement à prétendre qu'il soit plus nuisible qu'utile. L'ennemi n'y
pourra pénétrer, quoi qu'on en dise, qu'après avoir pé-
niblement achevé le couronnement du chemin couvert,
et la batterie qu'il y établira, non sans difficultés et
sans perte de temps, malgré l'assertion contraire,
n'aura pas plus d'effet que celle qui eût été placée immédiatement sur la crête de la place d'armes, si le réduit n'eût pas existé.

Le général Prévost de Vernois estime à 10 mètres l'augmentation de la saillie de la demi-lune de Cormontaingne
sur celle de la demi-lune de Neuf-Brisach. Je ne la
trouve que de 8 mètres ; et comme d'ailleurs la saillie
du chemin couvert de Vauban sur cet ouvrage dépasse
de 5 mètres celle que lui donne Cormontaingne, il s'en-
suit que les deux dispositions peuvent être considérées
comme étant à peu près les mêmes sous ce rapport. Il
en est de même de l'ouverture de l'angle flanqué: la
différence de deux degrés au-dessus ou au-dessous de
80 degrés ne pouvant avoir absolument aucune in-

fluence sur les propriétés défensives de l'ouvrage. Je ne suivrai donc pas ici le général sur ce qu'il dit des grandes demi-lunes, puisque les critiques qu'il en fait s'appliqueraient également au tracé de Vauban, qu'il regarde comme la limite de la perfection.

« Le réduit de demi-lune de Neuf-Brisach, écrit le « général, peut être armé de deux pièces de canon sur « chacun de ses flancs. Une seule pièce suffirait à la « rigueur, puisqu'elle n'a pour but que de tirer à re-« vers sur la brèche du bastion. C'est donc une super-« fétation et une puérilité que d'agrandir ce flanc du « réduit pour lui donner l'emplacement de trois « pièces. »

Ce n'est pas là du tout une puérilité. Les deux pièces de Vauban seront contre-battues, et une partie même du flanc sera détruite, quoi qu'en dise le général, par la batterie de brèche du saillant du bastion, en sorte que ces pièces ne rempliront plus leur objet au moment du besoin. Dans le front de Cormontaingne, la troisième pièce ne pourra jamais être atteinte, même quand le saillant du bastion serait tombé, et les deux premières, ou l'une d'elles au moins, ajouteront leur feu à celui du flanc du bastion en arrière pour tourmenter l'établissement des batteries de l'ennemi. La modification de Cormontaingne est donc avantageuse.

Le général blâme ensuite l'agrandissement du réduit de demi-lune. « A entendre Cormontaingne, dit-il, il « semblerait que l'agrandissement du réduit de la « demi-lune est une chose merveilleuse, qui a fait une « révolution dans l'art de la fortification ; mais cet « agrandissement est fait aux dépens du terre-plein de « la demi-lune, et c'est une énorme faute. » Ici je suis bien près d'être de l'avis du général. Le terre-plein étroit de la demi-lune de Cormontaingne, bordé d'une contrescarpe revêtue, est peu propre à une défense active et à des retours offensifs qui ne peuvent se faire que par des échelles ou par un pas de souris éloigné. Cependant, la saillie du réduit a aussi quelques avantages à cause de l'action plus directe qu'elle donne sur le couronnement de la brèche de la demi-lune, et de la difficulté que cette action oppose aux cheminements. Aussi, quoique je fusse disposé à diminuer cette saillie, c'est cependant une question à peser avec attention dans chaque cas particulier, et je ne pense pas qu'on puisse avancer avec autant d'assurance que l'a fait l'auteur que Cormontaingne a commis ici une énorme faute.

Une bonne partie de ce que dit le général sur les prétendus avantages des tracés en ligne droite ne manque pas de justesse. Cependant il n'est pas douteux qu'une attaque dirigée sur le milieu d'une telle ligne serait fort difficile. Elle le serait plus encore si ce milieu était rentrant, et elle diminuerait à mesure que ce point deviendrait de plus en plus saillant. En cela, je ne partage donc pas tout à fait, comme le général, l'avis de Bousmard lorsqu'il prétend que l'attaque du front du décagone conviendrait également contre un tracé en ligne droite. La direction générale de l'attaque serait bien en effet la même, mais les batteries, plus serrées en avant ou dans l'intérieur des parallèles, gêneraient bien plus les cheminements, et la garde serait entassée dans des espaces plus étroits où elle éprouverait des pertes d'autant plus considérables que les feux de la place seraient moins bien contre-battus. La marche des travaux serait, par la même raison, sensiblement ralentie. Au reste, les propriétés des fronts obtus et les désavantages des angles saillants ont été connus de tous temps. Ce n'est donc pas Cormontaingne qui les a découverts, il le dit lui-même; mais s'il y insiste trop peut-être dans ses mémoires, ce n'est pas là un tort que l'on doive lui reprocher bien amèrement.

Le général Prévost de Vernois fait observer avec raison qu'il est impossible de faire un tracé de place en lignes droites sans que les extrémités de ces lignes présentent des angles plus ou moins saillants et, par conséquent, des points faibles. Les lignes droites ont encore cet inconvénient que, pour embrasser un même espace, elles exigent un plus grand développement de fortification que les lignes brisées, ce qui est souvent fort sensible. Lorsqu'on a donc à fortifier une très-grande place en terrain plat, on conçoit qu'il puisse être convenable de l'envelopper, par un polygone régulier, d'autant de côtés qu'il existe de fronts, parce qu'alors tous les bastions sont assez ouverts pour en rendre l'attaque difficile. Il en peut être de même d'une très-petite place, comme de quatre, cinq, six et même sept fronts, lorsque le terrain le permet, parce qu'alors, quoi qu'on fasse, les angles seront toujours assez petits pour pouvoir facilement être enveloppés par l'attaque, et que la recherche d'un tracé plus aplati pourrait conduire à l'augmentation du nombre des fronts. Mais, dès qu'on arrive à l'octogone et surtout pour les polygones au-dessus, jusqu'à une limite qu'il est assez difficile d'assigner, on peut se demander, sans être taxé, comme le dit le général, de s'abandonner à de funestes aberrations, s'il ne convient pas de former quelques saillants bien prononcés, peu nombreux, qui deviennent des points d'attaque déterminés, sur lesquels, par conséquent, on réunisse tous les moyens de défense que l'art de la fortification peut fournir, tandis que, sur les autres points, la disposition des ouvrages reste bien plus simple. Il résulte d'un tel genre de tracé cet avantage considérable, qu'en cas de siége, les travaux préparatoires ne se concentreront que sur un nombre limité de points ; que, si l'on a des rameaux de mines à construire, ils ne se disperseront pas inutilement sur tout le pourtour de la place, et qu'après avoir pourvu, sur les fronts peu attaquables, à un simple armement de sûreté, il sera possible de procéder à l'avance, en grande partie du moins, à l'armement complet des points d'attaque. Il est bien rare, au reste, qu'un ingénieur soit le maître de donner à la place qu'il fortifie la forme la plus convenable pour la défense. Presque toujours il est limité par l'existence des constructions à enceindre. Souvent aussi la forme du terrain lui impose impérieusement l'occupation de certains points qui déterminent des saillants. Trop heureux lorsqu'il lui est possible de placer ces saillants sur des points inattaquables ou difficilement accessibles à l'ennemi, comme au milieu d'une inondation ou d'un marais, derrière un grand fleuve, sur un roc pelé ou sur un escarpement infranchissable. Ce serait alors de sa part un grande faute de ne pas profiter de ces circonstances avantageuses, non-seulement pour y placer ses saillants, mais encore, s'il était possible, pour y ajouter des pièces plus avancées qui, prenant de revers les parties voisines, rejettent les attaques vers le milieu des lignes abordables peu saillantes.

Le général se récrie contre des ingénieurs, jouissant même de quelque réputation, qui, par amour des tracés en ligne droite, ont été placer des saillants en plaine, après avoir développé des fronts peu cintrés en arrière d'inondations. Je ne puis découvrir à qui, ni à quelle place il est fait ici allusion ; mais, en admettant ce fait, Cormontaingne, et l'école pas davantage qui n'a jamais rien enseigné de semblable, ne sauraient être rendus responsables du manque de jugement de certains officiers, fussent-ils même, sous d'autres rapports, des hommes de quelque mérite, comme l'avance l'auteur. Mais, je dirai avec lui que c'est trop s'arrêter sur une question générale que Cormontaingne a pu soulever sans qu'il y ait lieu de l'en accuser, et j'ajouterai seulement que, si les forts de Belle-Croix et de Moselle, à Metz, ne sont pas des modèles de perfection, ce sont cependant de fort bons ouvrages, dont les extrémités assez bien appuyées ne présentent que des points d'attaque difficiles à embrasser.

Le général prend ensuite Cormontaingne à partie pour ses retranchements intérieurs. Je dirai de suite que personne ne saurait à juste titre glorifier Cormontaingne de leur invention. S'il a précisé dans ses mémoires la forme de quelques-uns, cela ne constitue pas une invention. Il en existait, bien avant lui, d'analogues dans les places anciennes, et Vauban lui-même en avait construit ou indiqué quelques-uns. Ce n'est donc pas en particulier pour cette conception que Cormontaingne s'est acquis une juste réputation, mais pour l'ensemble de ses travaux et de ses mémoires, bien que tout n'y soit pas irréprochable. Je répéterai encore que la tour et l'enceinte attenante de Neuf-Brisach valent mieux qu'aucun des retranchements de Cormontaingne ou de ceux qu'ont pu proposer ses successeurs, parce qu'un bon corps de place vaudra toujours mieux qu'un simple retranchement intérieur; mais le général fait trop bon marché de ceux-ci, lorsqu'il les escalade ou leur livre assaut, dans tous les cas, en même temps qu'au bastion, lorsqu'il avance enfin qu'ils sont nuls.

Il blâme injustement aussi Cormontaingne d'avoir prétendu que les tours bastionnées n'avaient pas rendu de grands services à Landau. C'est un fait dont se plaint Vauban lui-même, et cependant il y avait à Landau des hommes de cœur. Mais c'est, comme le dit Vauban, que les gouverneurs attendent rarement que leur retranchement soit ouvert pour faire battre la chamade. Les tours de Landau eussent pu mieux se défendre que les retranchements de Cormontaingne, mais elles ne l'ont point fait, et il est à craindre que souvent elles ne le fassent pas; ce qui prouve une assertion du général que j'ai souvent énoncée moi-même, que la fortification ne vaut que par les hommes qui la défendent. Que le général donne le secret de créer des hommes d'acier comme lui, tous les retranchements se défendront bien alors, et l'enceinte de Neuf–Brisach mieux encore que ceux de Cormontaingne, sans que pour cela cet éminent ingénieur mérite les reproches et le mépris que notre auteur déverse sur lui.

Mais, ce n'était pas assez de l'attaquer dans ses œuvres, lorsqu'il ne s'agissait que de discuter sur la fortification, le général le poursuit encore dans sa carrière militaire. Cormontaingne avait assisté à un grand nombre de siéges, et il est peu d'ingénieurs depuis lui qui ne se fussent glorifiés, sous ce rapport, de ses états de services. Je renverrai, pour les apprécier, au 2ᵉ volume de *l'Aperçu historique sur les fortifications, les ingénieurs et le corps du génie en France*, que vient de publier M. le colonel Augoyat. Cependant le général s'attache à les dénigrer : plusieurs des siéges de Flandre, fait-il observer, étaient sans importance ; les Hollandais n'avaient laissé que de faibles et de mauvaises garnisons dans les places ; Cormontaingne n'y a joué qu'un rôle secondaire ; et, dans les siéges plus importants où il a pris une plus grande part à la direction des travaux, à Fribourg particulièrement, les plus grandes fautes doivent lui être imputées, bien qu'il s'efforce de les rejeter sur d'autres.

Il ne peut venir à l'idée de personne de comparer Cormontaingne à Vauban pour la direction des siéges et pour la gloire qu'y a acquise ce grand homme. Mais, dans les 53 siéges de Vauban, tous n'avaient pas la même importance ; ce grand ingénieur n'a pas joué le même rôle dans tous, et tous n'ont pas été exempts de fautes. Pourquoi donc rabaisser autant Cormontaingne? Personne aujourd'hui ne l'apprécie au-dessus de son mérite, et, sans vouloir le louer de toutes choses, ni justifier ses écarts d'humeur et de caractère, pour lesquels le général Prévost de Vernois eût dû montrer plus d'indulgence, il est injuste de méconnaître que Cormontaingne a été le plus éminent ingénieur de son temps et que, malgré quelques erreurs et surtout malgré quelque superfétation dans la disposition des ouvrages extérieurs, il nous a laissé d'excellents préceptes de fortification dont nous avons eu raison de profiter, et qui serviront sans doute encore à nos successeurs.

Avant de passer à un dernier acte d'accusation, celui des journaux de siége fictifs, je dois, ainsi que je l'ai annoncé, dire quelques mots sur un principe posé par Cormontaingne et sur un perfectionnement apporté par lui à la fortification de son temps. Il est le premier ingénieur qui se soit étudié à couvrir complétement les maçonneries des escarpes par le relief des glacis des chemins couverts. Je ne chercherai pas à scruter jusqu'à quel point la première idée en appartient à Cormontaingne. Il semble lui-même ne pas se l'attribuer, puisqu'il dit que c'est une condition généralement reconnue nécessaire; mais, ce qui paraît constant, c'est qu'il est le premier qui ait fourni une solution complète du problème et qui en ait fait une heureuse application. Il n'est guère aucune invention, si simple ou si compliquée qu'elle soit, qui n'ait été précédée de quelque idée propre à mettre sur sa trace; mais le véritable inventeur est celui qui en fait une judicieuse et utile application, et tel est ici le cas pour Cormontaingne.

Le général Prévost de Vernois ne paraît pas attacher une grande importance à cette condition, car il dit quelque part qu'il importe peu de livrer au canon quelques mètres d'escarpe, pourvu qu'il n'y ait pas brèche praticable et que le parapet ne soit pas détruit par l'éboulement. La chose n'est pas d'une si mince importance, et d'ailleurs, je ferai observer que dans beaucoup d'anciennes fortifications, dans quelques-unes même des places de Vauban, certaines parties des revêtements étaient vues de loin jusqu'au pied, ou du moins assez bas pour qu'on y pût faire une brèche praticable. Il était donc essentiel d'appeler l'attention des ingénieurs sur ce point important. Ce défaut n'existe pas, il est vrai, à Neuf-Brisach, et peut-être est-ce l'étude de cette place qui a inspiré Cormontaingne;

mais il est à observer que les demi-lunes et les contre-gardes n'ont là que des demi-revêtements, et que ce n'est pas pour que les maçonneries soient couvertes que Vauban les a tenues aussi bas, mais bien par économie, afin que le front redoublé qu'il voulait faire adopter ne coutât pas beaucoup plus cher que les fronts simples avec lesquels il devait être comparé.

Cormontaingne n'a pu arriver au résultat qu'il se proposait sans consentir à un sacrifice, celui de la hauteur de l'escarpe du corps de place qu'il a réduite à 30 pieds, non pas au maximum, mais bien au minimum. C'est encore là un nouveau grief pour le général ; mais il aurait dû considérer que c'est à Neuf-Brisach même que Cormontaingne a pris cette dimension. Les tours seules ont 4 pieds de hauteur de plus, et ces 4 pieds appartiennent au parapet. La limite de 30 pieds a été adoptée depuis, et on lui a substitué dans ces derniers temps celle de 10 mètres, qui fait près de 31 pieds. Le général l'adopte lui-même dans le projet qu'il soumet à l'appréciation des ingénieurs. Il n'y a donc pas à s'en prendre à Cormontaingne d'une réduction qui est consentie par tout le monde, mais, je le répète, en ne considérant toutefois la hauteur de 10 mètres que comme un minimum pour le corps de place. D'un autre côté, c'est avoir fait faire un progrès réel à la fortification que d'avoir posé comme principe la condition, devenue si indispensable de nos jours, de couvrir les maçonneries des escarpes, et ce principe, c'est Cormontaingne qui l'a nettement formulé le premier. Cette amélioration à la fortification ancienne est certes plus importante que la suppression des flancs de la demi-lune et même que toutes les autres améliorations de

Cormontaingne, et elle suffirait seule pour lui assurer le titre de bon ingénieur.

Le général Prévost de Vernois, dans un long chapitre, attaque Cormontaingne et Fourcroy à propos de la méthode des journaux fictifs de siége, pour apprécier la valeur absolue de la fortification, et il dit de fort bonnes choses à ce sujet, en ne les considérant que d'une manière purement militaire. Néanmoins la plupart de ses critiques tombent à faux selon moi, du moins en ce qui concerne Cormontaingne, et ne me paraissent pas de nature à devoir faire abandonner sa méthode. Écoutons ce qu'il en dit page 212 :

« L'exposé de la doctrine sera, je crois, sa meilleure réfutation ; le voici :

 « Nous avons un excellent moyen de juger (de la
« force des places) dans le calcul de leurs attaques dé-
« pouillé de tous ces accidents (de toutes les causes
« accidentelles ou morales qui influent sur la résis-
« tance). Nous pouvons supposer, dans l'assiégeant,
« l'art de pousser ses travaux, suivant les règles ordi-
« naires, aussi rapidement qu'il est possible et pru-
« dent de le faire vis-à-vis d'une garnison qui voudrait
« se défendre ; n'admettre cependant, de la part de
« l'assiégé, aucun usage des ressources qu'il pourrait
« tirer de son industrie, comme sorties, fourneaux,
« contre-approches, coupures ou retranchements, etc.,
« le supposer seulement de pied ferme dans ses ou-
« vrages et faisant feu sur les attaques, jusqu'au mo-
« ment où le premier assaut le force à les aban-
« donner. »

 « Peut-on voir, s'écrie le général, rien de plus ridi-
« culement absurde que de telles hypothèses ? »

De telles hypothèses ne pourraient devenir ridicules et absurdes que si l'on voulait les assimiler à la réalité ; mais, prises pour ce qu'elles sont, elles ne me paraissent, comme à bien d'autres ingénieurs, que parfaitement raisonnables. Vous ne pouvez attribuer à la fortification, ni la valeur de la garnison, ni la faiblesse de la troupe assaillante, et il ne s'agit ici que d'une appréciation matérielle. Mais suivons le général ; il dit, page 213 : « Et quand l'assiégé ne peut se tenir de pied « ferme derrière ses remparts, ni faire feu sur les atta- « ques ! Quand les faces de ses ouvrages sont enfilées et « que le ricochet lui tue 100 hommes par jour sur une « seule branche de demi-lune, et qu'il n'ose plus « mettre le pied sur des terre-pleins ainsi labou- « rés ! » Alors, répondrai-je pour Cormontaingne, je supposerai ces faces évacuées et j'avancerai en conséquence. Mais, je ferai observer que ce n'est qu'à propos du siége d'Ath, à une époque où le ricochet était employé pour la première fois, qu'on a pu parler de 100 hommes tués ainsi en 24 heures sur une seule face de demi-lune, et que depuis, surtout dans les temps modernes, on n'a plus vu le même fait ni rien de semblable se reproduire, quoique l'auteur répète vingt fois le même exemple comme un argument irrésistible. Tout le monde sait qu'on ne manque pas de traverser aujourd'hui les faces ricochables et que, quoique le tir mou d'enfilade reste toujours le plus redoutable, il est impuissant cependant à faire abandonner complétement un ouvrage bien organisé.

Le général ajoute : « Quoi ! vous prétendez appré- « cier à un jour près la durée de la résistance des places, « et vous faites abstraction des seuls moyens qui peu-

« vent la prolonger : les feux couverts, les mines et les
« actions de vigueur, et vous n'apercevez pas qu'avec
« votre méthode d'analyse, vous êtes conduits forcé-
« ment à préférer les dispositions les plus vicieuses, et
« à proscrire celles qui sont favorables à la défense par
« les mines et les retours offensifs..... Ainsi, selon
« vous, que tous les ouvrages de la place soient rico-
« chables, que ses feux soient entièrement éteints.....,
« que la place soit disposée de telle sorte qu'elle ne
« puisse rendre ni un coup de canon, ni un coup de
« fusil, ou bien qu'elle ait deux ou trois étages de feux
« irricochables, indestructibles, casematés, à l'abri
« de tous projectiles et dix fois supérieurs en nombre
« à l'artillerie de l'assiégeant, votre journal de siége
« ira son train et ne marchera ni plus ni moins
« vite..... »

Voilà comme, en exagérant et en dénaturant tout, on
fait dire des absurdités aux gens les plus raisonnables.
Personne n'a prétendu apprécier à un jour près la résistance réelle des places, si ce n'est peut-être notre
critique lui-même, qui ne donne que 12 jours de résistance au front redoublé de Cormontaingne. Les feux
couverts, les mines et les actions de vigueur, ne sont
pas les seuls moyens qui puissent prolonger la défense,
puisqu'une contre-garde placée sur un bastion ou sur
une tour la prolonge nécessairement; et ce sont précisément les résistances de cette nature qu'a voulu apprécier Cormontaingne. N'est-ce pas d'ailleurs cela même
que le général admire et veut nous faire admirer dans
Neuf-Brisach ? Pour ce qui est du ricochet, tous les
journaux bien faits supposent que les cheminements
marchent beaucoup plus vite après qu'avant l'établis-

sement des batteries qui doivent l'effectuer. Si une place est supposée minée, le journal de la guerre de mines est fait comme celui des sapes, bien qu'il présente plus d'incertitude. Quant aux feux couverts et qui ne sont contre-battus de nulle part, ils ne sauraient exister que comme feux courbes, et alors, ils peuvent occasionner quelques pertes aux assiégeants, mais on n'a jamais vu qu'ils aient sensiblement retardé la marche des attaques. Enfin, l'on tient compte, dans une certaine mesure, de l'influence des petites sorties et autres actes d'intelligence et de vigueur, en même temps que de la plus grande précision du feu, en admettant que les cheminements marchent d'autant moins vite qu'on s'approche plus de la place; et un ingénieur expérimenté ne manquera pas de faire ressortir d'autant plus l'influence de ces causes de retard que la fortification sera mieux disposée pour les favoriser. Il ne fera que suivre en cela l'indication de Cormontaingne, qui demande qu'on ne marche qu'aussi vite qu'il est *possible et prudent de le faire*. Néanmoins il n'affirmera jamais que son journal fictif doive se réaliser devant l'ennemi.

Laissons donc les déclamations, et envisageons froidement la question. Lorsqu'un général se présente devant une place, l'investit et se propose d'en faire le siége, il a dû déjà demander à l'officier du génie chargé de la direction des attaques d'étudier un projet de siége, afin d'ordonner en conséquence ses approvisionnements, et d'apprécier surtout le temps pendant lequel son corps d'armée sera devant la place. Or, quel autre moyen plus sûr cet ingénieur peut-il avoir d'apprécier la durée de l'opération que d'en rédiger un journal fictif détaillé, dans lequel il supputera aussi exactement que possible le développement des travaux à exécuter chaque jour, en tenant compte des difficultés que le feu de la place opposera aux cheminements et même, dans la mesure de ce que l'expérience a appris sur les siéges entrepris dans des circonstances analogues, en ayant égard aux retards que les sorties et les retours offensifs pourront apporter à raison de la force et de la composition connues de la garnison, ainsi que de la capacité et de l'énergie de son chef? C'est après avoir pesé aussi bien que possible toutes ces considérations que le commandant du génie dira au général : vous pourrez entrer dans la place au bout de tel nombre de jours ; mais à la condition que vous fournirez chaque jour les travailleurs nécessaires, que les tranchées seront bien gardées et la garde bien dirigée, que les sorties de l'ennemi seront vigoureusement repoussées, que vous ferez usage de l'artillerie nécessaire pour éteindre ou au moins pour dominer les feux de la place; et enfin, que nul accident important en dehors de la prévision humaine ne viendra interrompre les travaux. Après cela même, on ne saurait répondre que quelques jours de retard ne résulteront pas de la ténacité de la garnison, ni, d'un autre côté, que, par quelque circonstance heureuse, le terme de la reddition ne sera pas avancé. Un général ne peut raisonnablement rien demander de plus positif, mais il a incontestablement le droit de le demander, et le général Prévost de Vernois le reconnaît lui-même, puisqu'il dit qu'il n'a nullement l'intention de proscrire les projets d'attaque. Comment cependant serait-il possible d'établir de tels projets, si les officiers n'étaient pas exercés à dresser des journaux fictifs de siége en négligeant, lorsqu'ils sont loin de l'ennemi, les circonstances particulières qui sont relatives à la garnison, et, lorsqu'il s'agit d'une fortification idéale, celles qui dépendent de la forme et de la nature du terrain?

Voici une autre hypothèse encore, qui se réalise plus souvent. Plusieurs projets différents, soit pour une même localité connue, soit d'une manière plus générale pour un terrain de plaine quelconque, sont soumis en même temps à un ingénieur chargé de faire un choix entre eux. Si cet ingénieur n'est pas à la fois juge et partie, condition essentielle et trop rarement observée, je demande quel meilleur moyen il peut avoir d'asseoir son jugement, que de faire l'attaque comparative de chacun de ces projets? Celui qui exigera, non-seulement le plus grand développement de travaux, mais surtout les travaux les plus pénibles et les plus lents, aura déjà sur les autres un premier genre de supériorité, celle qui se rapporte principalement à l'action du feu des ouvrages. Mais, avant de lui donner la préférence, il faudra examiner avec soin s'il ne se prête pas plus que les autres aux surprises et aux attaques de vive force, et s'il permet aussi bien qu'eux les retours offensifs et les actions de vigueur de la garnison. Encore, pour ce qui est de cette dernière considération, si l'attaque a été dressée par un ingénieur habile, elle aura dû entrer déjà dans l'appréciation de la marche des sapes, et le général nous en fournit lui-même la preuve par les ébauches d'attaque qu'il esquisse dans son livre. Enfin, après toutes ces considérations, il faudra encore avoir sous les yeux le coût comparatif de chacun des projets. Car le meilleur peut être inexécutable si sa dépense excède les ressources que l'État peut y consacrer, ou si le léger avantage qu'il procure ne paraît pas en rapport avec la grande dépense qu'il exigerait pour sa réalisation ou pour l'entretien de la construction une fois faite. Tous ces objets de comparaison, et bien d'autres encore que j'omets d'énoncer, sont fort difficiles à bien peser et exigent une assez grande expérience, un bon jugement et surtout une grande impartialité; mais, dans tous les cas, une des bases les plus importantes d'une bonne appréciation, est ce journal fictif de siége que le général taxe d'absurdité.

J'insiste sur l'impartialité dans la rédaction des journaux, parce que c'est la condition qui le plus souvent est le moins bien remplie, et qu'il en résulte alors, non pas un journal de siége fictif, mais une véritable et chimérique fiction, incapable de soutenir l'examen de la raison. La plupart des journaux de cette nature qui nous ont été transmis, sont dressés dans le but d'appuyer une idée préconçue et surtout de juger l'œuvre d'un rival, ou d'assurer la supériorité de celle de l'auteur sur les conceptions des autres ingénieurs qu'on peut lui opposer. C'est ainsi qu'on peut reprocher de la partialité à Cormontaingne, lorsqu'il veut prouver qu'une demi-lune ajoute plus à la defense d'un front simple qu'une contre-garde placée sur un bastion, et surtout lorsqu'il combat le projet de fortification de Bélidor. Mais pour cela, je me garderai bien de l'accuser de mauvaise foi, comme le répète le général Prévost de Vernois; car lui-même devrait alors encourir ce reproche, et je crois que personne n'a jamais mis en doute sa loyauté. Lorsqu'il s'agit en effet de l'appréciation de combinaisons qu'il combat, et en particulier de celles de Cormontaingne, il ne craint pas de nous présenter les attaques les plus fantastiques. Arrivé, par exemple, devant les contre-gardes du front de Neuf-Brisach corrigé par cet ingénieur, lesquelles ne diffèrent en rien de celles de Vauban, dont il a décrit la défense pour ainsi dire indéfinie, il les enlève d'un même coup par escalade ainsi que la demi-lune, malgré le réduit de celle-ci et malgré le corps de place intact, qui joue ici, comme dans Vauban, le rôle de retranchement pour les bastions détachés. Et quelle raison donne-t-il pour justifier un tel procédé? C'est qu'il n'existe pas de tours pour flanquer les fossés des contre-gardes. Mais nous avons vu que ce flanquement était nul. Il n'existe même pas en réalité dans la place de Neuf-Brisach pour la large berme au sommet de l'escarpe; et, en admettant même l'intention de Vauban d'obtenir ce dernier flanquement en modérant le relief des contre-gardes, les flancs des tours, découverts de 4 à 5 pieds, seraient, avant l'attaque, annulés par le canon des contre-batteries opposées. Les contre-gardes de Cormontaingne ne sont ni plus ni moins défensives que celles de Vauban, et les unes pas plus que les autres ne sont susceptibles d'être enlevées, comme le propose le général, qui se laisse encore entraîner ici à une contradiction. Une de ses accusations contre Cormontaingne, qu'il étend bien à tort aux ingénieurs plus modernes, est, en effet, que cet homme distingué faisait peu de cas des ouvrages à cornes, et il cite à ce propos l'opinion de Vauban disant qu'un tel ouvrage, placé en avant de la pointe d'un bastion, fera une défense approchant de celle d'un corps de place. Or, est-ce que les

bastions détachés de Vauban ou de Cormontaingne
n'équivalent pas précisément à un ouvrage à cornes?
Et, parce que cet ouvrage est plus directement et mieux
défendu qu'il ne le serait s'il était porté plus en avant,
le général l'enlève par escalade en même temps que la
demi-lune! Cela n'est pas un procédé soutenable.

Enfin, lorsqu'il s'agit de l'attaque du front simple
de Cormontaingne, après s'être récrié contre la prétention de couvrir le corps de place par un ouvrage extérieur, la trouée de la tenaille, particulièrement, par un
réduit de place d'armes, comme si la courtine tout
entière n'était pas couverte par la demi-lune et souvent les bastions par des contre-gardes, le général
s'empare de ce réduit par escalade, et y établit, le jour
même de l'assaut à la demi-lune, en faisant usage d'un
échafaudage, une batterie au moyen de laquelle il ouvre
une brèche à la courtine en même temps que celle qui
est faite au saillant du bastion. Est-ce ainsi que le
général attaquerait ses propres ouvrages? Je me con-
tenterai, pour répondre à cette question, de citer les
lignes suivantes de l'auteur, page 638 : « Le talent de
« la parole suppose presque toujours une grande irri-
« tabilité nerveuse et des passions vives, et la passion
« exclut le jugement. » Le général se dénie, il est vrai,
le talent de la parole, mais je doute qu'il eût pu per-
suader facilement qu'il était exempt de quelque irrita-
bilité nerveuse et de vives passions. Elles constituaient
une partie de son mérite, mais elles l'aveuglaient
quelquefois.

Je ne puis avoir la prétention de répondre paragraphe
par paragraphe à toutes les attaques de l'auteur; mais,
avant de quitter Cormontaingne et ses journaux fictifs

pour dire quelques mots de Fourcroy, qu'il me soit permis de repousser une dernière accusation de mauvaise foi dirigée contre ce célèbre ingénieur ; car ce sera rester encore dans mon sujet. Cette accusation repose sur ce que Cormontaingne a dit que le flanc de courtine de Neuf-Brisach serait détruit par une batterie du chemin couvert. L'erreur, mais non la mauvaise foi, est ici du côté du général. L'épaule de ce flanc peut en effet être battue sur une largeur suffisante et sur une hauteur de 13 pieds, par-dessus la berme du flanc de la contre-garde, de manière à crever la voûte de la casemate et à désemparer complétement le petit flanc.

FOURCROY

Le général Prévost de Vernois ne consacre pas de chapitre particulier à Fourcroy; mais c'est surtout à propos de Cormontaingne qu'il en parle et qu'il le traite avec plus de dédain encore et de mépris que celui-ci. Il n'est pas moins injuste envers l'un qu'envers l'autre. Il s'attaque, comme pour Cormontaingne lui-même, à son caractère personnel, et le représente comme un intrigant, comme un ambitieux à courte portée, employant les plus petits moyens pour se créer une réputation factice. Fourcroy était un homme de talent et d'un caractère honorable, quels que fussent les travers qu'en scrutant sa vie privée on pût peut-être lui imputer; mais ce n'est pas sur de tels détails que je veux m'arrêter. Je renverrai, pour sa justification sous ce rapport, à l'ouvrage déjà cité de M. le colonel Augoyat, et je me bornerai à examiner les imputations qui sont le plus directement en rapport avec mon objet.

Le général cite quelques-unes des légères modifications que Fourcroy a apportées au front de fortification de Cormontaingne, et il se récrie sur le peu de génie qu'il fallait posséder pour concevoir de telles inven-

tions. Ces modifications sont, en effet, assez insigni-
fiantes, et j'ajouterai même qu'elles ont passé à peu
près inaperçues ; mais jamais Fourcroy n'a eu la prétention d'être un fortificateur de génie. C'était un fort
bon officier, instruit et laborieux, qui a laissé des mémoires intéressants et instructifs, qui était rompu aux
affaires, mais que personne, pas plus que lui-même
sans doute, n'a élevé au rang des génies supérieurs.
On l'a considéré seulement, et à juste titre, comme un
esprit fort distingué. Le général Prévost de Vernois lui
attribue la fortune de Cormontaingne, qui sans lui, dit-
il, serait resté dans l'oubli. Il est certain que Cormontaingne eût été moins connu sans l'impression de ses
mémoires ; mais si cette impression a contribué à sa
réputation, c'est évidemment que ses œuvres n'étaient
pas sans mérite, et, à défaut de M. de Fourcroy, quelque
autre ingénieur sans doute les eût tirées de l'oubli. Le
général prétend que c'est pour échafauder sa propre
gloire sur celle de Cormontaingne, comme Cormontaingne avait échafaudé la sienne sur Vauban, que
Fourcroy a mis en ordre les mémoires de Cormontaingne, en y mêlant quelques-unes de ses propres
idées. Fourcroy avait été le disciple et il est resté l'admirateur de Cormontaingne ; admirateur outré, sans le
moindre doute, puisqu'il va jusqu'à le placer sur la
même ligne que Vauban ; mais cet excès de zèle pour
la mémoire de son protecteur peut être combattu sans
lui être imputé à crime. Quant à établir ainsi sa propre
renommée, le moyen est vraiment assez singulier ; car
le mémorial de Cormontaingne a été rédigé de telle
manière que le nom de Fourcroy n'y paraît même pas
et que les idées de cet ingénieur sont mêlées à celles

de son maître, au point qu'on ne peut les reconnaître et que tout le monde s'y est trompé, même le général, comme on l'a vu plus haut. Il est donc difficile de formuler une accusation qui tombe plus à faux que celle qui est ici portée contre cet ingénieur. On verra plus tard, et l'on peut voir dans la dernière note insérée dans l'ouvrage de M. le colonel Augoyat, que l'accusation de s'être emparé de l'enseignement de l'école de Mézières n'est pas mieux fondée.

L'ouvrage par lequel Fourcroy est particulièrement connu est son mémoire sur la fortification perpendiculaire en réponse aux inventions de Montalembert. Le général Prévost de Vernois, sans approuver les systèmes de cet officier général, accuse néanmoins l'auteur de mauvaise foi par la manière dont il les réfute et dont il en présente l'attaque. Je ne puis que répéter ici ce que j'ai dit plus haut que, sans accuser personne de mauvaise foi, il faut se défier des arguments que chacun emploie dans sa propre cause. Mais ce n'est pas là, pour ce qui nous occupe, l'intérêt du mémoire dont je viens de parler: c'est dans ce mémoire que Fourcroy établit sa fameuse théorie des moments, consistant à estimer la valeur d'une fortification par le quotient de la division du nombre de jours que donne le journal de siége fictif de cette fortification par le coût de la construction de son élément. Le général, tout en disant qu'il n'insistera pas sur une idée aussi absurde, qui n'est admise aujourd'hui par personne, s'évertue néanmoins assez longuement à en démontrer le ridicule et la fausseté.

Je partage son avis, quoique je n'approuve pas également tous les arguments qu'il emploie pour le soutenir, et je n'en parlerais pas moi-même si, par une contradiction qui n'est que trop commune dans l'écrit que j'examine, après avoir dit que cette idée était rejetée par tout le monde, on ne la représentait plus loin comme régnant dans les écoles. Pour moi, je l'ai déjà dit, lorsqu'il s'agit de juger un projet de fortification, je pense qu'il faut tâcher de se former d'abord une idée aussi exacte que possible de la résistance qu'il promet, puis se renseigner exactement sur sa dépense, et considérer en même temps ces deux éléments, mais je pense aussi qu'il faut se bien garder de les diviser l'un par l'autre. Car, dans certaines circonstances, on paierait fort cher l'assurance ou l'espoir d'une prolongation de défense de 24 heures seulement, et dans d'autres, on regardera avec indifférence un surcroît de force qui représenterait une prolongation de huit jours. Dans un rentrant prononcé, par exemple, on ne s'ingéniera pas à renforcer la fortification, quelque peu qu'il en dût coûter; mais sur un point d'attaque, le plus léger perfectionnement peut être d'un grand prix. L'idée des moments, dont Fourcroy cherche d'ailleurs à tirer quelque vanité, était donc fausse; mais elle n'est pas dangereuse, puisqu'elle n'a guère été prise au sérieux que par son auteur, et c'est une faiblesse de celui-ci qui n'infirme nullement ses hautes qualités. Je n'en dirai pas davantage sur Fourcroy, qui semblerait devoir être hors de cause dans la discussion qu'a entreprise le général, puisque cet ingénieur n'était nullement un novateur en fortification.

SYSTÈMES DE FORTIFICATION

POSTÉRIEURS A CORMONTAINGNE.

Avant de passer à la critique de l'école moderne, qui est son grand champ de bataille, le général fait l'examen de quatre systèmes de fortification plus ou moins célèbres, ceux de Montalembert, de Carnot, de Bousmard et de Lachiche. Il les rejette également tous, mais avec des ménagements qui montrent qu'ils s'éloignent moins de ses idées que ceux qui dérivent de Cormontaingne.

Je comprends le choix que le général a fait, pour les réfuter, des systèmes de Montalembert et de Carnot. Car, s'ils n'ont pas eu un grand succès en France, où l'on ne voit que peu d'essais de leur application, il n'en est pas de même en Allemagne; où ils semblent servir de base aux conceptions nouvelles, à moins que les ingénieurs de cette contrée ne revendiquent l'initiative en faveur de quelques auteurs de leur pays qui ont eu des idées analogues. Quoi qu'il en soit, et sans vouloir dénigrer le mérite des étrangers, je me garderai bien de les dissuader de suivre de tels modèles en appuyant le général dans ses critiques. Plût à Dieu que la France ne fût entourée que de places à la Montalembert et à la Carnot!

Je ne me rends pas aussi bien compte du choix du système de Bousmard, ingénieur qui n'a jamais fait autorité en France ni à l'étranger, où il a été tué en combattant contre son pays. On ne trouve de traces de son idée bizarre de corps de place à faces courbes que dans un fort maritime; et le seul fait important qui eût pu fixer l'attention du général, d'après la direction de ses idées, la grande saillie d'une demi-lune détachée, est à peine cité par lui. Je ne m'arrêterai pas moi-même à un examen que je crois inutile à la question.

On aurait lieu de s'étonner bien plus encore de voir le général exhumer le vieux système de Lachiche, si l'on ne découvrait bientôt qu'il y a cherché quelques exemples de réduits et de casemates à opposer à des dispositions dont il prétend que le général Haxo se donnait comme l'inventeur. Ce n'était vraiment pas la peine de nous entretenir de ce système, dont il n'existe aucun spécimen, et il semble qu'il eût mieux fait de reproduire le tracé du général Chasseloup de Laubat, largement exécuté à Alexandrie, et qui représente l'état de la fortification française à l'époque du premier Empire. Mais je m'arrête; ce n'est pas à moi à dicter la marche qu'aurait pu suivre mon auteur. Il me suffit de l'abandonner dans l'examen des systèmes dont il a cru devoir faire le choix. Je vais le retrouver sur un terrain plus solide, celui de l'enseignement des écoles du génie en France. Ce sujet est pour ainsi dire traité dans tout le cours du livre. Il commence dans le chapitre premier; il est développé dans le chapitre onze, et il est plus ou moins touché dans la plupart des autres.

L'ÉCOLE DU GÉNIE DE MÉZIÈRES.

Le général Prévost de Vernois se montre dès l'abord grand ennemi des écoles, qui ne font que fausser et pervertir le jugement des élèves. « Vauban, dit-il « page 135, n'a point appris son art dans les écoles...; « il s'est formé par lui seul en lisant tout ce qui avait « été écrit sur la guerre et sur la fortification. » Le général non plus n'a pas été perverti par l'enseignement, car il nous dit à deux reprises que le professeur de son temps, au lieu de parler de fortification à ses élèves, leur faisait un joli cours d'astronomie. « L'en- « seignement, dit-il encore page 121, peut apprendre le « dessin de la fortification, il peut donner des notions « justes sur les constructions. On peut enseigner ce « qui est métier, mais la partie intellectuelle, jamais ! » Eh ! n'est-ce donc rien que cela, et personne a-t-il jamais prétendu faire sortir des Vaubans tout formés de l'école ? Je suis persuadé que le vrai Vauban n'eût pas été fâché de trouver quelqu'un pour lui apprendre le métier et même pour le guider un peu dans ses lectures et l'aider à choisir au milieu d'un fatras d'écrits dont il a été obligé lui-même de rejeter l'ivraie. Il n'en eût pas moins été Vauban, tandis que la foule des médiocrités, qui en définitive compose la masse de tous les corps, livrée à elle-même pour son éducation, ne serait propre à rien. « L'enseignement, voit-on encore « page 119, a l'avantage de modeler tous les esprits « dans un même moule..., de leur offrir des types dont « ils ne doivent pas s'écarter...; mais il a aussi l'in- « convénient de consacrer l'erreur et de la transmettre « intacte à la postérité la plus reculée ; il empêche les « jeunes gens de se livrer à la recherche des combi- « naisons nouvelles ; il oppose un obstacle insurmon- « table à toute amélioration, à tout progrès..... » Par quelle étrange contradiction le général nous dit-il donc qu'il n'est pas un élève qui ne sorte de l'école avec un projet de fortification de sa fabrique? Il dit vrai en ce qui me concerne, et un tel exercice n'est pas sans quelque fruit; mais alors l'école n'empêche donc pas les jeunes gens de se livrer à la recherche de combinaisons nouvelles; et d'ailleurs, ce que dit l'auteur de l'enseignement de la fortification s'appliquerait à celui de tous les arts: il ne faudrait plus d'écoles. On ne voit pas pourtant, en général, les élèves suivre trop aveuglement les ornières de leurs maîtres. L'esprit humain est plus indépendant que ne le suppose l'auteur; et, pour ceux qui sont incapables de s'élever, il est heureux qu'ils aient une trace qu'ils puissent suivre terre à terre. Mais c'est trop longtemps combattre une thèse insoutenable. Passons aux faits.

L'école du génie a été instituée à Mézières, de 1748 à 1749, quelques années seulement avant la mort [de Cormontaingne arrivée en 1752, et rien n'indique que ce grand ingénieur y ait pris une part considérable. Il s'est borné à répondre, comme ses collègues, à diverses questions qui étaient adressées à ce sujet aux directeurs des fortifications, par une circulaire du ministre d'Argenson, et dans sa réponse il n'est nullement question du système qui doit servir de base à l'enseignement. Nous ignorons même quel fut dans l'origine le système adopté. Ce que nous savons, c'est que la fortification n'était pas enseignée par un professeur spécial, mais par un des officiers du génie de la place de Mézières, qui tous étaient en même temps attachés à l'école, ou peut-être par M. le chevalier de Chastillon lui-même, à la fois commandant et de l'école et directeur des fortifications. On peut voir par les mémoires de cet officier, fort estimés de leur temps, qu'il n'était pas question alors de prendre le tracé de Neuf-Brisach pour type de l'enseignement, et l'on ne sait en vérité pourquoi le général Prévost de Vernois veut rendre Cormontaingne responsable de ce prétendu oubli. Il jouissait alors, il est vrai, de la réputation d'un bon ingénieur, le ministre avait beaucoup de confiance en lui et le consultait souvent ; mais il ne faisait pas école, il ne manquait même pas de rivaux, et si les idées régnantes se rapprochaient beaucoup des siennes, c'est, comme il le dit, que de son temps les tours bastionnées étaient tombées en discrédit, en sorte qu'il n'avait fait qu'adopter les idées reçues.

Ce n'est qu'en 1768 que nous voyons l'enseignement de la fortification se régulariser tout à fait, par l'envoi au ministre de la guerre de l'exercice de Du Vigneau sur le tracé, le relief, la construction, l'attaque et la défense des places, contenant vraisemblablement le résumé de ce qui était professé depuis quelques années à Mézières. Cette étude avait sans doute beaucoup d'analogie avec les idées de Cormontaingne; mais elle en différait assez cependant pour qu'on ne puisse pas dire que cet ingénieur dominait l'école et en eût expulsé Vauban, qui n'a cessé d'en être l'oracle, pour les principes du moins, si ce n'est pour tous les détails de la fortification. Ce fut la même année 1768 que Lachiche adressa son système de fortification au ministre de la guerre. Il s'y trouve quelques détails qui se rapportent à ceux de l'exercice de l'école de Mézières, particulièrement le réduit de place d'armes saillante du chemin couvert de la demi-lune; mais on ne peut dire que Du Vigneau ait emprunté cette idée à Lachiche, plutôt que Lachiche à Du Vigneau. Ce qu'il y a de plus probable, c'est que cette idée fort simple, et qui a dû tomber en même temps dans l'esprit de beaucoup d'ingénieurs, était généralement adoptée, et que chacun en faisait l'application à sa manière.

Si l'on ne peut attribuer à Cormontaingne l'enseignement de l'école de Mézières, à plus forte raison ne saurait-on prétendre, comme le fait le général Prévost de Vernois, qu'il fût entièrement dirigé par M. de Fourcroy. Cet ingénieur, en effet, n'est entré au ministère de la guerre et n'a eu d'autorité réelle qu'à partir de 1776, et le même enseignement s'est perpétué sans changement de 1768 à 1794, et peut-être quelques années encore après. Cet enseignement, au reste, était aussi bon qu'il pouvait l'être, malgré les deux grands reproches que lui adresse le général, savoir : la suppression des tours bastionnées et l'agrandissement des demi-lunes; et d'ailleurs, il se conformait strictement, pour l'attaque et la défense des places, aux admirables préceptes de Vauban, dont notre auteur critique ne semble pas tenir autant de compte que des combinaisons de lignes du tracé de Neuf-Brisach.

Après avoir |parlé assez inexactement, comme on le voit, de l'école de Mézières, le général dit quelques mots de l'enseignement de Dobenheim à l'école de Metz et de celui de Lesage. Dobenheim était un homme de science et d'esprit, mais il n'avait jamais été ingénieur militaire. Il n'est donc pas étonnant qu'il ait imaginé un système de fortification ridicule quoique assez ingénieux. Le général Prévost de Vernois le critique avec raison, quoiqu'il ne me paraisse pas avoir indiqué le vrai mode d'attaque propre à en faire évanouir les chimériques propriétés. Cet inventeur malencontreux fut promptement remplacé par M. Lesage, qui a été mon professeur aussi bien que celui de M. Prévost de Vernois, quoiqu'il ne m'ait pas fait un cours d'astronomie. Du reste, ce n'est pas lui qui m'a perverti, car il y a longtemps que j'ai abandonné ses errements.

M. Lesage avait été capitaine du génie; c'était un homme de cœur et d'esprit; mais, ayant donné sa démission par suite d'une contrariété éprouvée au camp de Boulogne, il avait pris précisément en profonde aversion l'art qu'il était chargé de professer, et il ne le faisait que trop voir à ses élèves, bien qu'il eût le talent de les intéresser par sa diction et par les anecdotes dont il entremêlait son cours. Mais son enseignement, continué pendant les dernières guerres de l'Empire, ne pouvait pas être surveillé par les chefs du corps du génie, qui tous étaient absents. Plus tard, après la paix de 1815, la nécessité de réorganiser tous les services intérieurs, qui étaient tombés dans le plus grand désordre, et dont les errements mêmes étaient inconnus au plus grand nombre des officiers supérieurs et généraux qui avaient fait leur avancement aux armées, détourna longtemps encore l'attention de l'école de Metz qu'on était trop heureux de retrouver sur pied et fonctionnant régulièrement : aussi ne fût-ce que plus tard qu'on commença à s'apercevoir, au comité des fortifications, de l'insuffisance de l'enseignement de la fortification à l'école de l'artillerie et du génie. C'est ainsi que nous arrivons à ce que M. le général Prévost de Vernois appelle l'école moderne, qu'il me reste à défendre contre ses violentes attaques. Mais, avant de m'en occuper, il est indispensable que je dise quelques mots du général Haxo. Le général Prévost de Vernois ne consacre pas de chapitre particulier à cet éminent ingénieur, mais il en parle longuement dans sa critique, et, bien qu'il le fasse toujours en termes convenables et même fort élogieux lorsqu'il est question de s'exprimer sur son mérite personnel, il n'en conclut pas moins toujours par une critique amère de ses œuvres et même de sa manière d'agir.

LE GÉNÉRAL HAXO

ET SON ÉTUDE DE FORTIFICATION.

Le général Haxo sortait des mineurs et par conséquent du corps de l'artillerie; son éducation militaire
n'avait été faite ni à l'école de Mézières ni à celle de
Metz; mais il était du petit nombre de ces hommes qui,
comme Vauban, savent se former d'eux-mêmes, ce qui
ne l'empêchait pas de sentir toute la nécessité des
écoles pour entretenir un bon corps d'officiers. A la paix
de 1815, dans la force de l'âge, il avait beaucoup fait,
beaucoup étudié et possédait une grande expérience de
la guerre des siéges et de la construction des places:
aussi, peut-on dire qu'à l'époque de la réorganisation
du comité des fortifications, il était à peu près le seul
officier général qui eût conservé ou acquis la tradition
du service du génie dans les places de guerre, et qui
s'entendît bien à la rédaction d'un projet de fortification. Si l'on ajoute à cela les qualités que lui accorde
le général Prévost de Vernois, un esprit fin et pénétrant, un grand talent et une grande netteté de discussion, une grande persévérance dans ses efforts pour
tout ce qu'il croyait bon et utile, on ne sera pas étonné

qu'il soit parvenu à dominer le comité, non par son opiniâtreté, mais par la supériorité de son savoir et de son esprit. Si le général Haxo, en effet, était persévérant, personne n'était plus soumis que lui aux décisions de la majorité. Je l'ai vu plus d'une fois, lorsque j'avais l'honneur de servir auprès de lui, revenir du comité des fortifications en rapportant un projet auquel il m'avait fait travailler plus d'un mois et me dire tranquillement : Il faut que nous changions de système ; ces messieurs ne veulent pas de cela, ils y trouvent tel et tel inconvénient. Et c'était un véritable triomphe quand on pouvait ainsi rejeter ses idées ; car, si sa supériorité était bien reconnue, elle n'était pas subie sans dépit, elle excitait plus d'une jalousie, et plusieurs de ses collègues se trouvaient heureux de ses échecs. Il n'a donc pas eu l'avantage de diriger seul en arbitre absolu tous les travaux du génie en France, ni de créer 33 places neuves ; mais il n'existe pour ainsi dire pas une place ancienne qui ne possède quelque projet émané de lui, et il en est un fort grand nombre où des travaux d'agrandissement et d'amélioration considérables ont été exécutés d'après ses plans, dessinés pour la plupart par le capitaine du génie Vaillant, devenu depuis maréchal de France. Il a laissé en outre quelques mémoires généraux de la plus grande importance. Enfin, c'est le général Haxo qui, par les exemples qu'il envoyait dans presque tous les places, a appris à ses contemporains à étudier un projet de fortification ; c'est lui qui, avec le concours de ses aides de camp, a perfectionné les méthodes de dessin que le général Prévost de Vernois est heureux d'employer, bien qu'il en parle avec dédain ; c'est lui qui a le plus contribué à la

réorganisation du corps du génie et surtout à celle du
dépôt des fortifications, œuvre dans laquelle il a été ha-
bilement secondé par M. le général D'Artois, alors chef
de bataillon. Aucun homme peut-être n'a eu plus que le
général Haxo le sentiment élevé de la nationalité. Il n'ex-
halait pas son patriotisme en exclamant à tout propos :
Mon pays! Ma patrie! Mais, rencontrant, au lendemain de
la révolution de 1830, un légitimiste de sa connaissance
qui lui dit: Qu'allons-nous devenir, général? vous le
voyez, la France n'est plus qu'un fumier.—Eh bien, lui
répondit avec calme le général Haxo, nous défendrons
notre fumier. Ce mot dépeint mieux que tout ce que je
pourrais ajouter le caractère de cet homme qui, de tous
les ingénieurs modernes, est celui qui pourrait le plus
raisonnablement être comparé à Vauban sans faire injure au modèle.

Le général Haxo, le plus studieux des ingénieurs et
qui ne se croyait jamais assez instruit de ce qui con-
cernait son art, se mit, dès sa rentrée en France, à travailler un projet théorique de front de fortification,
non pour faire passer son nom à la postérité en présentant un système nouveau, mais pour coordonner
ses idées acquises, pour étudier toutes les parties de la
fortification dans leurs plus intimes détails et pour s'en
faire comme un répertoire, comme un magasin d'idées
qu'il pût retrouver au besoin, en les modifiant selon les
circonstances et les localités.

Ce travail fort considérable, entièrement exécuté par
le capitaine Vaillant, et digne de faire l'ornement des
archives du Dépôt des fortifications, n'a jamais vu le
jour. Le général en a seulement extrait trois feuilles
d'ensemble qu'il a fait graver sur des planches de cuivre

restées en dépôt chez sa veuve et dont il n'a été tiré qu'un petit nombre d'épreuves. Ces exemplaires très-rares n'ont pas été distribués au hasard à des curieux qui en faisaient la demande, mais ils ont été confiés à un petit nombre d'officiers qui s'engageaient par écrit à ne les communiquer à personne et à en faire une critique raisonnée appuyée d'un projet d'attaque. Car, en toutes choses, le général Haxo avait en vue d'exciter les officiers à l'étude et au développement de leur instruction.

C'est le front de fortification étudié dans ces conditions que le général Prévost de Vernois, sans le bien connaître, attaque comme une œuvre qui a fait rétrograder la science, parce qu'il n'est pas établi sur la base de la tour bastionnée de Vauban. On ne peut s'attendre à ce que je donne ici la description de ce front ; ce serait manquer à mes engagements ; je me bornerai donc à repousser quelques-unes des accusations que le général dirige contre lui.

A entendre notre critique, on croirait d'abord que le général Haxo a voulu substituer le tracé de son front à celui qui était le plus généralement admis, car il dit que cet innovateur ne tenait aucun compte de la fortification existante. L'exposé qui précède, et toutes les œuvres du général Haxo suffisent pour prouver combien une telle idée était éloignée de son esprit. Je me rappelle même qu'un jour, un lieutenant-colonel qui avait été chargé d'étudier un projet assez considérable et qui était parvenu à se procurer un croquis du tracé de ce nouveau front, l'ayant pris pour base de son travail, le général Haxo lui adressa de graves reproches, en lui faisant comprendre que cette étude générale n'était pas un type à appliquer à toutes les localités, mais un simple exemple faisant voir comment les détails de la fortification devaient être traités.

Après avoir qualifié le général Haxo de novateur, son antagoniste se reprend cependant en lui déniant le mérite d'aucune invention dans son œuvre. Suivant lui, le réduit de place d'armes saillante a été pris à Lachiche ou à l'école de Mézières. C'est Lachiche aussi qui a fourni les exemples si nombreux de casemates qu'on trouve dans plusieurs de ses ouvrages. C'est à Carnot qu'il a emprunté le retranchement intérieur des bastions; enfin, pour le reste, il n'a pas fallu de grands efforts d'imagination. Il eût été facile de pousser plus loin la liste des emprunts. Ce n'est pas le général Haxo qui a inventé les bastions, les demi-lunes, les réduits, les contre-gardes et même, pour ces dernières, il eût été possible de trouver dans les dessins de Du Vigneau une disposition excellente toute semblable à celle qu'il a adoptée. Mais, où le général Prévost de Vernois a-t-il vu que le général Haxo se proclamât l'inventeur de tous ces ouvrages? Il n'a eu que la prétention bien fondée d'avoir mieux étudié la fortification qu'on ne l'avait fait avant lui. Il avait beaucoup lu, il avait une excellente mémoire et connaissait tout ce qui avait été fait avant lui; lorsqu'il y trouvait quelque chose de bon, il le prenait avec beaucoup de raison et l'appliquait avec intelligence. A quoi donc nous serviraient les œuvres de nos prédécesseurs, si nous ne pouvions en tirer aucun profit pour faire mieux qu'eux encore? C'est ainsi qu'il doit être permis de chercher à améliorer et même à corriger Vauban, sans exciter les anathèmes du général Prévost de Vernois, qui nous impose une immobilité à laquelle il se soustrait lui-même.

7.

Le réduit de place d'armes saillante n'est pas plus à Lachiche qu'à l'école de Mezières ; il est à tout le monde, et celui qu'a dessiné le général Haxo lui appartient comme tout le reste de la disposition de ses ouvrages, bien que chacune des parties dont se compose l'ensemble pût se rencontrer partout ailleurs. Le prétendu retranchement de Carnot a été connu de tous temps et se voit dans tous les bastions de Thionville. Qu'on cesse donc de tant nous parler d'inventions. Il s'agit moins pour les officiers du génie d'inventer que de bien faire avec des éléments connus ; c'est ce qu'a cherché et ce à quoi a réussi le général Haxo. L'inventeur n'est pas autre que le bon ordonnateur de ces éléments.

Le général Prévost de Vernois entre, après les généralités, dans quelques critiques de détail ; mais ces critiques ne prouvent qu'une chose, à savoir qu'il ne connaissait pas le travail dont il parle, qu'il ne l'avait pas sous les yeux en écrivant, qu'il avait pu jadis en apercevoir une ébauche sur la table de l'auteur, mais qu'il ne l'avait pas étudié. Cela n'est pas étonnant, car il ne s'est engagé ni à ne pas le communiquer, ni à en faire une attaque régulière. Il blâme beaucoup, par exemple, page 413, la disposition des crochets de traverses de chemins couverts qui, dit-il, ne sont pas en crémaillère, mais dans la forme de clameaux. Or, c'est tout le contraire qui a lieu. Il parle aussi, à propos des retranchements, de fossés que l'auteur fait manœuvrer de droite et de gauche, et de traverses sur les flancs, et, le dessin sous les yeux, je ne comprends absolument rien à un pareil dire. On me permettra donc de ne pas suivre davantage un examen fait dans de telles conditions et avec un tel esprit. J'aurai d'ailleurs encore à revenir sur le front du général Haxo en partant de l'école de Metz.

Le reproche que le général Prévost de Vernois adresse si faussement à Cormontaingne et à Fourcroy d'avoir absorbé l'enseignement de l'école du génie, il le répète avec aussi peu de justice contre le général Haxo. Voici comment il décrit, page 124, l'envoi d'un professeur de fortification à l'école de Metz, en 1826 :

« Je prendrais près de moi un jeune homme spiri-
« tuel, d'une capacité reconnue, parlant avec facilité,
« avec élégance ; s'il était déjà rompu à la discussion, à
« la controverse, il ne ferait que mieux mon affaire. Il
« faudrait qu'il possédât bien la géométrie descriptive
« et qu'il dessinât facilement. Je le nourrirais pendant
« trois ou quatre ans de mes idées, de mes systèmes ;
« je m'efforcerais de le façonner à mon image ; puis,
« quand il serait bien endoctriné, que son noviciat me
« paraîtrait achevé, j'emploierais toute mon adresse
« pour le placer comme professeur de fortification à
« l'école de Metz. C'est là que gît toute la difficulté ;
« mais elle sera d'autant moindre que le candidat que
« je présenterais serait déjà distingué entre ses cama-
« rades par son savoir, ses talents et son aptitude au
« travail. Si je réussissais dans cette entreprise, je
« serais sûr d'avoir atteint mon but. Sous prétexte de
« fournir des modèles de dessin aux élèves, je ferais
« placer sous leurs yeux les plans détaillés du nouveau
« système de fortification que je voudrais introduire,
« et le professeur en ferait dresser des attaques fictives
« qui prouveraient naturellement sa supériorité sur
« tout ce qui a été inventé jusqu'à présent. Les élèves
« sortiraient parfaitement convaincus de l'excellence

« de ma méthode et de la vérité de l'enseignement
« qu'ils ont reçu. Comment pourraient-ils imaginer
« qu'on les a induits en erreur? — Mon système s'en-
« racinera donc de plus en plus à mesure que les géné
« rations se succéderont; et si, par malheur, il repose
« sur une idée fausse masquée par quelques détails
« ingénieux, voilà tout un corps enfoui à jamais dans
« l'ornière sans pouvoir en sortir!... »

N'est-il pas vraiment douloureux de voir un homme
qui se vante de sa droiture, supposer ainsi dans ses collègues les plus distingués, un esprit d'intrigue et de
duplicité? N'était-ce pas, chez le général Prévost de
Vernois, une espèce de monomanie misanthropique
qui troublait la tranquillité de son esprit? Quoi qu'il
en soit, tâchons, en suivant le paragraphe précédent,
de rétablir la part de la vérité à côté de celle de l'erreur.

Vers la fin de 1818, à une époque où personne encore
ne s'était occupé de l'enseignement de l'école de Metz,
le général Haxo demanda et obtint du ministre de la
guerre l'autorisation d'adjoindre un capitaine du génie
à son aide de camp, pour l'aider dans les nombreux
travaux dont il était chargé. Son choix se porta sur un
officier de 27 ans qu'il avait eu l'occasion de rencontrer
dans le cours des campagnes de 1812 et 1813 et qui
avait été un moment sous ses ordres dans celle de 1815.
Cet officier ne resta pas seulement trois ou quatre ans
auprès de lui, mais il y demeura sept ans entiers pendant
lesquels le général ne s'étudia point à le façonner à son
image, mais se montra patient et indulgent avec lui et
l'initia à beaucoup de détails de service et à beaucoup

d'idées militaires que, sans de telles leçons, il eût peut-être toujours ignorés. Cet élève, cet écolier, comme l'appelle le général Prévost de Vernois malgré les grands éloges qu'il lui prodigue, s'est toujours honoré de son maître et a conservé pour lui une profonde reconnaissance. Cependant le moment arriva où le comité des fortifications reconnut enfin que l'enseignement de la fortification à l'école de Metz ne pouvait pas être plus longtemps toléré tel qu'il existait, et il obtint du ministre de la guerre le remplacement de l'ancien professeur. Cette assemblée d'officiers généraux désigna pour lui succéder le capitaine adjoint au général Haxo, sans que ce général en eût fait la proposition, bien qu'il eût insisté pour le changement du professeur. Ce qui détermina ce choix fut que ce capitaine s'était fait connaître par deux mémoires rédigés à l'insu du général Haxo, et qui lui avaient valu chacun une des médailles annuellement offertes en concours aux officiers du génie. Le premier de ces mémoires traitait du dessin de la fortification, question neuve alors, et le second était une étude de chemins couverts dans laquelle, entre autres objets, l'auteur se proposait la suppression du palissadement. Ces travaux, le premier surtout, désignaient suffisamment leur auteur au choix du comité; et le général Haxo employa si peu son adresse à y pousser ses collègues que, quelques difficultés s'étant élevées dans les bureaux du ministère de la guerre sur la position du nouveau professeur désigné, ce général lui donna le conseil de renoncer à l'emploi qui lui était offert.

Le général Haxo avait atteint son but, sans doute, mais en même temps celui de tous ses collègues, celui de modifier l'enseignement de l'école de Metz et de le conformer aux errements du comité des fortifications. Quant à l'idée de faire placer sous les yeux des élèves, sous prétexte de leur fournir des modèles, les plans détaillés du nouveau système de fortication, elle est complétement fausse : d'abord parce que l'école n'a jamais possédé le dessin du front de fortification du général Haxo, et que jamais ce dessin n'a été appendu aux murs des salles d'études ; ensuite parce que le général Haxo est resté complétement étranger aux dessins qu'a fournis le professeur et n'en a connu quelques-uns que lorsque le ministre les a soumis à l'examen du comité des fortifications ; enfin, parce que ce professeur n'avait pas besoin de prétextes pour afficher des dessins qui devaient servir d'exemples aux élèves, mais s'y trouvait obligé, si ce n'est par les règlements, du moins par tous les antécédents de l'école.

Quant aux attaques fictives, elles n'ont jamais été faites dans un but de comparaison du front de fortification de l'école avec aucun système antérieur, mais uniquement comme exercice et comme application du cours d'attaque et de défense des places, et jamais le professeur, celui dont il est question du moins, n'a établi cette comparaison. Il n'y a donc eu ni trompeur, ni personne de trompé. Le nouveau professeur s'est uniquement appliqué à s'acquitter le moins mal possible de la tâche délicate qu'il avait acceptée, et, ce qui peut lui faire croire qu'il y a assez bien réussi, c'est que depuis trente-cinq ans, ce qui ne s'était pas encore vu, l'enseignement qu'il a établi n'a reçu aucune modification importante, bien que l'antagonisme entre l'ancienne et la nouvelle école n'eût pas fait défaut, et qu'aujourd'hui, où tous les officiers, à peu d'exceptions près, ont reçu la même instruction, il ne manque pas parmi eux de novateurs.

Pour bien comprendre, au reste, l'esprit du passage cité ci-dessus, il faut se reporter à la suite de l'écrit du général Prévost de Vernois, et y voir qu'il suppose que le professeur avait reçu du général Haxo la mission d'inoculer ses propres idées à l'école, que même le front dessiné comme exemple pour les élèves n'était autre que celui du général, modifié et corrigé par lui-même, que le professeur, en un mot, n'était que son prête-nom. Aussi, dans sa critique, le général Prévost de Vernois confond-il ces deux fronts et absout-il le malheureux écolier qu'il traite avec indulgence, pour rejeter tout le blâme sur le maître. Cette manière d'envisager les choses est également injurieuse pour l'un et pour l'autre. Non, jamais le professeur n'a reçu d'autre mission que celle qui était officiellement exprimée dans sa commission du ministre. Non, jamais le général Haxo ne s'est immiscé en rien dans la rédaction des dessins qui ont servi de texte à l'enseignement de l'école, et, s'ils renferment des détails critiquables, le professeur qui aurait pu se retrancher derrière l'approbation du comité n'en a cependant jamais recusé la responsabilité. Je ne ferai donc pas ici la même confusion que le général Prévost de Vernois, et je mettrai le général Haxo hors de cause dans l'examen des critiques adressées au front de fortification de l'école. Ce n'est pas que l'influence du général Haxo ne s'y fasse forcément sentir; comment pouvait-il en être autrement, puisque c'était son élève qui était envoyé à Metz? Mais cet élève avait acquis assez d'expérience et avait assez d'indépendance de caractère pour appliquer de lui-même et selon ses propres idées les préceptes qu'il avait puisés auprès de son maître.

DE L'ENSEIGNEMENT DE LA FORTIFICATION

A L'ÉCOLE DE METZ.

Le général Prévost de Vernois dit avec raison que le nouveau professeur arrivé à Metz fut assez embarrassé pour concilier l'ordre qu'il avait reçu de ramener l'enseignement aux méthodes de Cormontaingne, avec la convenance de le maintenir en harmonie avec les idées alors reçues. Aussi s'adressa-t-il au ministre, pour avoir l'autorisation, tout en se conformant aux dispositions générales de Cormontaingne, d'introduire dans les détails les modifications qui, depuis longtemps, étaient admises en France dans le corps du génie. Ce fut après avoir obtenu cette autorisation qu'il rédigea ses premiers essais et qu'il les adressa au ministre.

Le général Prévost de Vernois le loue ironiquement d'avoir agi en habile homme en soumettant au comité son œuvre qui, selon lui, n'était que celle du général Haxo. Jamais dans sa conduite cet officier n'a ambitionné la réputation d'habile homme; mais il a cherché à faire loyalement son devoir, et ici ce devoir était tout tracé. Le comité ne fit à son travail qu'un petit nombre d'observations que le général critique lui-même, mais auxquelles le professeur s'est soumis sans murmure. Car il a toujours témoigné de son respect pour un aréopage qui, dans tous les temps, a renfermé dans son sein des hommes d'une grande distinction, et l'on ne peut voir sans regret que, dans plusieurs endroits de son livre, le général qui en a longtemps fait partie en ait parlé de manière à altérer parmi les jeunes officiers le juste sentiment de confiance et de respect qu'ils doivent lui porter.

Après m'être occupé, trop longuement peut-être, de ce qui est relatif aux personnes, passons aux choses, et voyons les reproches que leur adresse le général. Il en est un fondamental, qui domine toute la question : c'est de n'avoir pas pris pour base de l'enseignement le tracé de Neuf-Brisach, le plus parfait de tout ce qui a été ou de ce qui pourra être imaginé; et il se plaint aussi de ce que ce tracé n'est enseigné à l'école que comme une vieillerie et une curiosité. Je me bornerai à répondre sur le second point que, le front de Neuf-Brisach n'étant point adopté comme type à l'école, il était impossible d'entrer à son égard dans les mêmes détails que pour les fronts qu'on fait dessiner aux élèves; que le professeur insiste cependant beaucoup plus sur ce front que sur tous ceux qui l'ont précédé, qu'il en fait ressortir tous les avantages, mais qu'il en signale aussi les principales imperfections; imperfections que nie notre auteur, mais qui, depuis plus de cent ans, ont été reconnues par tous les ingénieurs qui se sont succédé et que lui-même, par une singulière contradiction, se propose de corriger.

Ces imperfections, au reste, ne sont pas le seul motif du rejet de ce type. La fortification de Neuf-Brisach est une fortification à corps de place redoublé, qui pouvait bien convenir à une ville tout à fait régulière, également accessible de tous côtés, mais qui ne saurait de la même manière être appliquée, comme je l'ai déjà dit, à une place dans laquelle se trouvent à la fois des fronts saillants qui forment des points d'attaque et d'autres plus rentrés, difficilement abordables. Ces derniers ne demandent qu'une fortification plus simple. Il fallait donc enseigner, pour le corps de place du moins, ce simple d'abord, sauf à indiquer ensuite les modifications qui pouvaient y être apportées et toutes les pièces qui pouvaient y être ajoutées. Mais on ne pouvait faire dessiner successivement le détail de fronts situés dans des positions aussi variées. Je sais bien que le général aurait répondu qu'il fallait prendre alors pour point de départ le front simple à tours bastionnées, dont on voit un exemple à Besançon. Mais ce n'est plus là cette perfection qui l'emporte sur tout autre tracé. Cette disposition ne convient que dans quelques circonstances particulières; et, d'ailleurs, le professeur qui a établi le cours de fortification ne la rejettait pas, il indiquait au contraire des cas dans lesquels il jugeait convenable de l'appliquer. Le général parle donc du cours de Metz comme d'une chose qu'il ne connaît que très-imparfaitement, et il attribue au professeur des opinions, des erreurs et des oublis qui n'existent en aucune façon.

Une autre raison encore qui pourrait empêcher d'adopter Neuf-Brisach pour type, est que son tracé a été adapté par Vauban à un octogone, qu'il pourrait bien l'être de même à un polygone régulier d'un plus grand nombre de côtés, mais qu'il n'en serait plus de même si l'angle à fortifier devenait au contraire moins ouvert. Or, ce sont de tels angles que présentent les points d'attaque, et c'est surtout pour les points d'attaque que la fortification doit être étudiée. Que l'on cherche donc à appliquer le tracé de Neuf-Brisach à l'angle du carré, du pentagone ou même de l'hexagone, et l'on verra ce qui en résultera. Il faudra tout modifier, ce ne sera plus du Vauban. La tour ne sera plus couverte de la même manière et ne jouira plus des mêmes propriétés. Il était donc difficile d'admettre un type aussi variable, bien que ce ne soit pas sans doute cette difficulté qui l'ait fait rejeter.

Le général se montre ici partisan d'un type, puisqu'il nous dit que le tracé de Neuf-Brisach est celui dont il ne fallait pas s'écarter. Cependant il accuse tous les successeurs de Vauban, y compris, bien entendu, les ingénieurs modernes, de diriger tous leurs efforts vers le but de nous imposer des types propres à restreindre l'initiative des officiers. Cette accusation n'est pas seulement une contradiction avec son idée fixe de ne pas s'éloigner du Vauban de Neuf-Brisach, mais, en outre, elle tombe tout à fait à faux aujourd'hui. Je ferai, en effet, remarquer d'abord que ce sont surtout nos anciens qui adoptaient des types absolus. Deville, cet ingénieur si remarquable dont les écrits renferment encore aujourd'hui d'excellentes instructions, ne nous dit-il pas que, pour tracer une citadelle, il faut découper dans une feuille de papier un pentagone régulier, puis l'appliquer sur le dessin de la place, et le tourner jusqu'à ce qu'il s'adapte bien à la fortification et au terrain? Loin d'en agir ainsi, le général Haxo a-t-il voulu imposer un type à personne, lorsqu'il a caché son étude à tous les yeux? et, quant à l'école, loin également de

prôner un type, le professeur disait dès les premières
leçons que toute fortification était bonne pourvu qu'elle
remplît un petit nombre de conditions principales ; que
ce qui en faisait la force était la vigueur et l'intelligence
de ses défenseurs, mais qu'il importait assez peu qu'une
ligne eût un peu plus de longueur ou d'inclinaison ;
enfin, que ce qui caractérisait aujourd'hui la fortification
en France, c'était l'absence d'aucun système exclusif.
Il ajoutait que l'enseignement de l'école était basé, il
est vrai, sur le système de Cormontaingne, parce qu'il
fallait bien partir d'un point fixe, mais qu'il eût énoncé
les mêmes principes, s'il avait reçu l'ordre de prendre
pour base un front de Vauban ou de Coëhorn. On le
voit, si le général Prévost de Vernois eût mieux connu
l'enseignement de Metz, il n'eût pas porté contre lui
des accusations aussi générales et aussi peu fondées
que celles qu'on rencontre pour ainsi dire à toutes les
pages de son livre. Mais, passons à des griefs particu-
liers qui lui sont imputés, et voyons s'ils se justifient
mieux. Écoutons le général, page 126.

« Dans la 12ᵉ leçon (2ᵉ partie) sur la fortification
« permanente, voici littéralement ce qu'on enseigne :
« Cormontaingne donne comme condition à remplir
« par les glacis, que leur inclinaison dans le sens du
« tir, soit comprise entre le seizième et le quarantième,
« et il a adopté l'inclinaison du vingt-quatrième comme
« la meilleure... Mais il ne justifie pas complétement
« ces limites, et l'on n'en saurait assigner d'autre pour
« le maximum d'inclinaison, que celle qu'on a adoptée
« pour les parapets, c'est-à-dire le sixième. »

Le général s'écrie à la suite de cette citation :

« Combien de générations, combien de promotions,
« ont-elles été infectées de ces hérésies!... la règle de
« Cormontaingne est absurde, les meilleurs glacis sont
« les plus roides, pourvu qu'ils soient bien battus par
« le canon et la mousqueterie des ouvrages en ar-
« rière...

« J'ai passé sept ou huit ans de ma vie à combattre
« cette absurdité du tir au sixième comme limite d'in-
« clinaison. Depuis mon entrée au comité je n'ai cessé
« de la saper, mais en vain; les préjugés de l'école
« l'emportent sur l'évidence... »

Je ne relèverai pas cette étrange assertion, en opposition avec les principes, je ne dirai pas de Cormontaingne, mais de Vauban, que les glacis les plus roides
sont les meilleurs; mais ne semblerait-il pas que le
professeur ait commis un grand crime en adoptant pour
la plongée des parapets une inclinaison du sixième?
Cependant voici ce que dit lui-même, page 327, le
général, qui ne semble jamais craindre une contradiction, lorsqu'il trouve un argument à sa main :

« Sans doute on peut avoir des plongées inclinées au
« quart, au tiers ; mais c'est en pays de montagnes,
« lorsqu'une telle plongée est indispensable pour éclai-
« rer les pentes du terrain qui ont ordinairement cette
« inclinaison; cela n'a aucun inconvénient si l'ennemi
« est obligé de tirer de bas en haut, suivant la même
« inclinaison du quart ou du tiers. Mais en terrain
« horizontal, c'est bien différent; là une telle plongée
« offrirait une crête trop mince, trop aiguë, qui serait
« bientôt festonnée, déchiquetée et enlevée. »

Je le demande, est-il possible de mieux détruire soi-même l'accusation que l'on a formulée d'une manière si absolue? Car, il est à remarquer que la leçon citée par le général est relative à la fortification en terrain horizontal, et le professeur n'a jamais manqué de dire, en traitant de la fortification en terrain varié, qu'il était des circonstances où il devenait indispensable d'incliner beaucoup plus les plongées.

Voyons, au reste, en dehors des deux opinions contradictoires émises par le général, ce qu'on doit penser de cette limite du sixième adoptée dans les temps modernes, pour l'inclinaison des plongées des parapets.

Elle n'était admise, ni par Cormontaingne, ni par Vauban, ni par les ingénieurs plus anciens et, sauf dans des cas tout à fait exceptionnels, ils ne tenaient leurs plongées en terre qu'à l'inclinaison du neuvième, non-seulement pour avoir des parapets plus solides, mais aussi pour que les hommes ne craignent pas de se découvrir en appliquant leurs armes le long des plongées. Car vainement roidira-t-on celles-ci, il sera fort à craindre alors que les fusiliers ne tirent en l'air. Vauban cependant, à Neuf-Brisach, a donné à des plongées une inclinaison un peu plus forte que le neuvième, mais n'atteignant pas encore le sixième, et c'est surtout sur les glacis qu'une telle inclinaison devient trop roide, parce que la palissade ne permet pas aux hommes d'approcher assez de la crête pour pouvoir y appuyer leur arme en la dirigeant suivant la pente du terrain. Bien loin donc de déplorer avec le général Prévost de Vernois le prétendu préjugé qui fait limiter l'inclinaison du tir au sixième, je serais plutôt porté à regretter cette innovation assez récente et à demander d'en revenir au profil ordinaire de Cormontaingne et de Vauban, s'il n'avait pas l'extrême inconvénient de produire de grands angles morts dans les fossés, et même, la plupart du temps, sur les chemins couverts. Résignons-nous donc à adopter ce terme moyen du sixième qui, sans affaiblir par trop les parapets, augmente la plongée des coups sur le terrain et sur les ouvrages extérieurs. Quant aux pays de montagnes, il faut bien accepter les conditions qu'ils imposent et roidir quelquefois les plongées pour pouvoir battre le terrain; mais encore ne faut-il le faire qu'avec une grande prudence et une grande habileté; car bien rarement les pentes roides se soutiennent sur une grande étendue. Le plus souvent, comme dans les pays simplement accidentés, le terrain, après s'être déprimé, se relève et fournit de bons emplacements pour l'artillerie ennemie. Il faut donc tâcher d'opposer vers ces parties des plongées peu inclinées et de solides parapets, tandis que les plongées roides et les parapets en maçonnerie doivent être réservés pour battre le terrain rapproché, et être soustraits autant que possible aux coups de l'artillerie ennemie. Tels sont les principes, fort sages selon moi, qui sont enseignés à l'école de Metz et qui sont loin d'être des hérésies.

Tous les ingénieurs savent parfaitement qu'il est possible de tirer le canon de haut en bas sur une très-forte inclinaison; mais ce qu'ils savent aussi et que le général Prévost de Vernois semble ne pas vouloir admettre, c'est qu'il est à peu près impossible d'établir une batterie en terre dans de telles conditions. Il faudrait pour cela, ou donner une trop grande profondeur à ses embrasures, ce qui lui enlèverait toute soli-

dité, ou élever la culasse et par suite le corps du canonier pointeur au-dessus du parapet, ce qui rendrait
cette batterie intenable. Le service de l'artillerie a déjà
bien de la peine à admettre le tir à l'inclinaison du
sixième, et il ne se départira pas de ses pratiques tant
qu'un nouveau système de matériel n'aura pas été imaginé. Mais les formes de la fortification ne sauraient
être déterminées d'après des inventions non encore
réalisées.

Toujours préoccupé de la prétendue absurdité de la
limite inférieure posée pour le tir incliné, le général
critique amèrement encore le professeur de 1827 et le
comité des fortifications qui l'approuve, de déterminer
la longueur de la courtine d'un front en terrain horizontal d'après le relief des flancs, de manière que tout
le fossé soit bien éclairé par un tir au sixième. Il ne
lui reproche pas moins de se donner la longueur des
flancs au lieu de la faire varier avec la longueur du côté
extérieur et de fixer aussi *à priori* leur inclinaison sur
la courtine, et il s'écrie, page 400 : « Toutes ces erreurs
« dérivent de la théorie du tir maximum au sixième;
« elles en sont la conséquence forcée; et cela nous mon
« tre qu'une légère erreur peut en produire bien d'au
« tres plus considérables. Et c'est quand nous devrions
« songer à procurer à nos places une résistance de trois
« mois, que nous nous occupons de ces niaiseries...-»

Le professeur n'est pas chargé de procurer une résistance de trois mois aux places; mais uniquement d'enseigner les éléments et les principes de la fortification à
des jeunes gens qui en savent à peine le premier mot. Or,
les niaiseries de la détermination de la courtine et des
flancs d'un front par des considérations purement mili

taires, ne semblent pas plus méprisables que la construction empirique ancienne, qui était un véritable type et qui faisait de tous les fronts des figures semblables.

Le général continue ainsi : « Eh quoi ! j'irai tracer
« un front de fortification, sans savoir où tomberont
« mes saillants de bastions ! Comme si la position de
« ces saillants ne devait pas être invariablement déter-
« minée par la configuration du terrain ! Il sera vrai-
« ment commode de placer d'abord la courtine sans
« savoir où tomberont les saillants des bastions qui
« seront donnés par la longueur des lignes de défense
« limitée par la portée des armes. Limitée par la portée
« des armes ? On peut disputer pendant deux mille ans
« sans rien arrêter de précis à cet égard.

« Vauban a donc eu mille fois raison quand il nous
« a enseigné le tracé d'un front de fortification d'après
« la pose des saillants et au moyen du côté extérieur
« et de la perpendiculaire.....; mais il ne disait pas
« que la longueur des flancs et de la courtine devait
« être invariable ; il savait que le canon pouvait, sur
« affût de siége, tirer au tiers, au quart, au cinquième,
« et que la grandeur, non-seulement du front, mais
« de toutes ses parties, de ses faces, de ses flancs, de
« la courtine de la perpendiculaire, etc., dépend
« uniquement de la configuration du terrain ;—et vous
« avez la prétention de former des ingénieurs en fai-
« sant entrer à coups de maillet dans le cerveau mal-
« léable de vos jeunes élèves, tout cet amas d'absur-
« dités ! »

Le général se serait épargné cette sortie excentrique contre l'école, et bien d'autres encore qui lui ressem-

blent, s'il se fût seulement donné la peine de consulter
son aide de camp sur les leçons qui lui avaient été
données. Chaque phrase de cette citation est en effet
une erreur. Jamais à l'école on n'a fait tracer un front
de fortification par la courtine ; mais, après avoir donné
aux élèves, pour le cas du terrain horizontal, le côté
extérieur et par conséquent les saillants, et leur avoir
fait déterminer le minimum de longueur de la courtine,
ils achèvent le tracé du front par une construction géo-
métrique toujours fort simple, en maintenant les
autres parties de la fortification dans les limites données
par Vauban lui-même.

Ce n'est pas Vauban qui nous a enseigné le tracé
d'un front de fortification par le côté extérieur et la
perpendiculaire. Ce tracé était connu longtemps avant
lui, et c'est une pratique empirique à laquelle il s'est
soumis, mais qu'il n'a pas inventée. Elle a l'inconvénient de proportionner toutes les parties de la fortification, particulièrement les flancs, à la longueur du
côté extérieur, ce qui n'a aucune raison d'être.

Vauban n'a jamais supposé que le canon tirerait au
tiers, en terrain horizontal, pour défendre la courtine,
et ce tir, en effet, serait fort peu praticable. Il ne disait
pas, quoi qu'il le sût bien, que, dans les terrains sensiblement accidentés, les diverses parties de la fortification devaient varier avec la configuration du sol, et
il se serait bien gardé surtout de dire qu'elles variaient
uniquement avec cette configuration ; mais si le général
avait daigné jeter les yeux sur le dessin de la place
idéale de l'école de Metz, il y eût vu plus de variations
dans le tracé des fronts d'une même place, qu'on n'en
a jamais rencontré dans les œuvres de Vauban. En

sorte que, dans son respect outré pour ce grand maître, il eût pu en tirer le prétexte d'accuser d'audace le professeur qui se permettait de telles innovations. Où sont donc, et l'amas d'absurdités et le maillet qui excitent la colère de l'auteur ?

Autre grief contre l'école et contre le professeur de 1827. Ce professeur a dit quelque part que : « Les ca-« semates pour l'artillerie ne sont pas indispensables, « comme l'ont prétendu quelques auteurs, que la « plupart des anciennes casemates présentent des in-« convénients graves qui les avaient fait juger plus « nuisibles qu'utiles par plusieurs ingénieurs ; que « leurs embrasures en pierre produisent des éclats qui « rendent l'intérieur des voutes inhabitable, et que leur « mur de face exposé au tir de l'artillerie est bientôt dé-« truit ; enfin, que l'intérieur de la casemate ne tarde « pas à être infecté par la fumée, lorsqu'on y fait un feu « un peu soutenu. » Et le général écrit à la suite de cette citation, page 161 : « Encore une preuve de plus « que l'enseignement ne sert qu'à propager des men-« songes et des erreurs !!!—Car, quoi de plus explicite, « de plus authentique que le procès-verbal du 7 frimaire « an VIII. Ce qui a été prouvé alors à l'égard de la « fumée ne peut laisser le moindre doute aujourd'hui « que l'on peut mettre le feu aux pièces de canon au « moyen d'une capsule de poudre fulminante..... On « devrait donc dire aux élèves que la fumée n'empêche « pas de faire un feu soutenu dans les casemates des « tours bastionnées, que leurs embrasures et leurs « murs de face jouissent de la *propriété admirable* de ne « pouvoir être contre-battus ; qu'on n'y peut donc pas « craindre les éclats de pierre !!! etc., etc. Mais, dès

« lors qu'on est forcé d'enseigner la fortification
« d'après les idées de Cormontaingne, il faut bien avoir
« recours au mensonge, se bien pénétrer de l'esprit de
« l'homme qu'on a choisi pour son maître, et bien se
« garder de faire remarquer aux jeunes gens les mer-
« veilles étonnantes de la dernière création de Vau-
« ban ! »

Avoir recours au mensonge ! Qu'aurait dit M. le général Prévost de Vernois, si l'on eût taxé d'une manière
aussi injurieuse ses nombreuses erreurs ? Et ici il
n'existe pas même d'erreur. Mais gardons-nous d'imiter
notre adversaire et de sortir de la modération que réclame une sérieuse discussion.

J'observerai d'abord que les citations du général sont
extraites de notes informes, abandonnées aux élèves dès
la première année du cours, et dont le professeur a re-
fusé la reproduction par la lithographie. On admettra
néanmoins qu'il n'en rejette pas la responsabilité, et
l'on va voir qu'il est facile de répondre aux accusations
qu'elles provoquent.

Je ferai remarquer en premier lieu que ce qui est dit
plus haut n'est nullement relatif aux casemates des
tours de Vauban, mais à la plupart seulement des anciennes casemates ; en second lieu, que le général a reconnu lui-même, ainsi que je l'ai déjà dit, les inconvénients rapportés dans le paragraphe cité, à l'exception
toutefois de ce qui est relatif à la fumée. Quant aux expériences faites en l'an VIII dans l'une des tours de
Neuf-Brisach et rapportées par Carnot, elles prouvent
en effet que dans des tours bien ventilées par quatre
embrasures opposées deux à deux, on a pu faire un feu
soutenu sans être incommodé par la fumée, mais elles

ne démontrent rien pour les anciennes casemates, qui ne sont pas aérées, et j'ajouterai qu'en 1827, quand les lignes citées ont été écrites, les capsules explosives n'étaient pas en usage. Enfin, j'ai déjà dit que, malgré l'assertion du général, les casemates à canon de Neuf-Brisach, dont l'action est d'ailleurs peu considérable, étaient susceptibles d'être contre-battues. Mais si le professeur s'est abstenu de signaler aux élèves, une *propriété admirable* qui n'existe pas, cela ne l'a pas empêché de leur exposer dans une autre partie du cours que celle dont il est ici question, les propriétés réelles du tracé de Neuf-Brisach.

Il est vrai que le professeur étant tenu de faire dessiner aux élèves le projet d'un front de fortification d'après le système de Cormontaingne, n'a pas dû faire entrer de casemates défensives dans ce projet; mais il a toujours beaucoup insisté dans son cours sur la nécessité des abris voutés pour les hommes et pour les munitions; et de plus, après avoir indiqué les moyens le plus généralement employés pour prévenir ou retarder la destruction des casemates défensives, il discutait et il discute sans doute encore aujourd'hui avec soin, les emplacements qu'il est convenable de leur assigner sur un front de fortification. L'enseignement, sous ce rapport, ne mérite donc pas encore les reproches que lui adresse le général.

Passons maintenant à d'autres critiques de détail qui sont faites au front de fortification dessiné par les élèves. Celui sur lequel insiste le plus le général, est d'avoir donné à la demi-lune plus de saillie que n'a fait Vauban dans le front de Neuf-Brisach, et ce reproche n'est pas particulier à l'école de Metz, il s'applique à tous les ingénieurs qui, depuis Vauban, se sont comme à l'envi étudiés à augmenter de plus en plus cette saillie. Je ne veux pas discuter ici les avantages et les inconvénients de l'agrandissement de la demi-lune qui sont fort bien appréciés à l'école de Metz, mais je me propose de faire voir seulement combien les plaintes à cet égard sont exagérées, surtout en ce qui concerne l'enseignement de la fortification en France.

On devra remarquer en premier lieu que cette progression d'agrandissement de la demi-lune remonte à Vauban lui-même et antérieurement à lui, et que, par conséquent, elle ne saurait être imputée uniquement aux ingénieurs plus modernes. Vauban construisait des demi-lunes généralement plus grandes que ses prédécesseurs, et celles de Neuf-Brisach sont plus grandes que celles de Sarrelouis et de Landau. Qui nous dit que plus tard il ne les aurait pas encore agrandies? Le général Prévost de Vernois l'affirme, parce qu'il croit le Vauban de Neuf-Brisach infaillible et parfait, mais rien cependant ne saurait nous en donner l'assurance. Cormontaingne a donné, non pas dans ses constructions réelles, mais sur ses dessins seulement, cinq toises de plus à ses faces de demi-lunes qu'à celles de Neuf-Brisach. C'est déjà une faute réputée impardonnable. Puis, est venue l'école de Mézières qui a beaucoup aggravé le mal, au dire du général, en poussant le saillant plus en avant et en réduisant l'angle flanqué à 60 degrés environ. Après cela, dans des temps plus modernes, des ingénieurs tels que Bousmard et le général Chasseloup, pour donner plus de saillie à cet ouvrage, l'ont détaché du corps de place et en ont fait une véritable lunette. L'école cependant, tout en préconisant alors les grandes demi-lunes, n'a jamais admis ce dernier système; et, dans son étude inédite, le général Haxo a continué de rattacher sa demi-lune au corps de place, quoiqu'il lui ait donné autant de saillie que possible.

Le général Prévost de Vernois adresse deux principaux reproches aux grandes demi-lunes, indépendamment de celui de s'écarter de la pratique de Vauban. Le premier est que l'on expose ainsi de longues branches à l'effet destructeur du ricochet, et il répète souvent à cet égard, qu'on ne saurait tenir sur des faces où l'on perdra cent hommes et plus par jour. J'ai déjà dit ce que cette appréciation avait d'exagéré. Mais ce que je dois faire observer en outre, c'est que, si nous prenons, par exemple, le tracé du général Haxo qui, parmi tous les fronts modernes, est celui qui a la demi-lune la plus saillante, la branche exposée au ricochet est un peu moins longue que celle de Vauban. Il en est de même de la demi-lune du front de l'école, car la coupure ne sera évidemment pas occupée en même temps que la branche en avant. Ce premier reproche est donc sans valeur.

Le second reproche est que le saillant du chemin couvert de la demi-lune, porté plus avant dans la campagne, sera moins bien défendu par le corps de place que le saillant du chemin couvert de Neuf-Brisach. Et, à ce propos, le général se jette dans une longue digression sur les couronnements des chemins couverts de vive force, qu'il représente avec raison comme une opération fort difficile et fort meurtrière et que cependant il semble conseiller devant les demi-lunes très-saillantes. Certainement le chemin couvert de la demi-

lune sera d'autant mieux protégé par le corps de place
qu'il en sera moins éloigné, mais ce n'est pas une différence de deux ou trois toises, comme elle existe entre
les deux tracés de Cormontaingne et de Vauban, ni
même de vingt à quarante mètres comme on la trouve
en faisant la comparaison avec des fronts plus modernes, qui devra, sous le rapport de la facilité des attaques, produire une différence un peu sensible, si l'on
fait attention surtout que de nuit la protection ne peut
guère venir du corps de place et que, dans les fronts
modernes, l'organisation proposée pour les places
d'armes et les chemins couverts, ajouterait une grande
valeur à ces ouvrages.

Cependant, au milieu de cette espèce d'anarchie qui
régnait dans le tracé de la demi-lune, qu'a fait le professeur que le général Prévost de Vernois prend à partie? Il a posé une limite *maxima* à la saillie de la demi-
lune, et, sans avoir la prétention d'être un inventeur,
il a proposé cette règle que le milieu de la brèche pré-
sumable du saillant de la demi-lune ne devait pas se
trouver à plus de 180 mètres du corps de place. Sans
doute on peut disputer longtemps sur la bonne portée
des armes, mais, avant le perfectionnement du fusil,
cette distance était considérée dans les écoles de tir
comme une bonne moyenne, et lorsque, pour le corps
de place, on admet avec Vauban une ligne de défense de
250 mètres, on n'est guère fondé à en rejeter une de
180 pour la demi-lune.

Le général est fort partisan des petites lignes de défense, et en cela je partage complétement son avis;
mais comment se fait-il qu'en blâmant dans le front
de l'école une saillie de demi-lune qui porte la

pointe de la place d'armes à 250 mètres de la face du bastion, il propose pour la place de Paris, sur la planche vi de l'atlas de son livre, une disposition où cette saillie est exactement la même, c'est-à-dire où la pointe du chemin couvert de la demi-lune est précisément à 250 mètres de la tour bastionnée, ou de la face du bastion en arrière? Comment se fait-il qu'après avoir répété en divers endroits qu'il ne faisait cas que des coups de fusils tirés à brûle-pourpoint, il nous dise, page 778 : « de la crête d'un bonnet de prêtre, au gla-« cis du bonnet de prêtre collatéral, il n'y a que « 450 mètres, et nos carabines à longue portée frappe-« ront *à coup sûr* un homme à cette distance? » Puis il ajoute, en parlant de l'assiégeant : « Et pourquoi tra-« vaillerait-il plutôt la nuit que le jour, si l'assiégé a « la précaution d'éclairer ses glacis par des balles à « feu, des tourteaux, du goudron, ou par la lumière « galvanique? » Que dire en face de pareilles contra-dictions?

A propos de la justesse du tir, et bien que ce fait sorte du cercle dans lequel je me suis proposé de me renfermer, je veux encore relever une assertion du général qui fera juger aux officiers les plus étrangers même à l'art de la fortification, la confiance que l'on peut attacher à ses affirmations les plus positives. Il nous dit en effet, dans son irrésistible entraînement à la critique, que, dans l'armée française, on n'exerce l'infanterie qu'à faire de beaux feux de peloton et qu'il a entendu des colonels demander à quoi pouvait servir la justesse du tir. Et c'est lorsque depuis près de vingt ans il existe une école normale de tir à Vincennes et lorsque le Ministre de la guerre et tous nos inspecteurs

généraux attachent une si grande importance aux exer-
cices du tir à la cible, qu'il est assez aveugle pour pro-
férer une telle accusation. Quelle confiance, je le répète peut-on avoir dans toutes ses autres assertions?

Mais revenons aux fortifications. Le général blâme
naturellement l'agrandissement du réduit de demi-
lune du front de l'école, comme il l'a fait pour celui de
Cormontaingne et par les mêmes motifs. C'est-à-dire
parce que la défense de la demi-lune pied à pied et par
les mines, et les retours offensifs dans cet ouvrage, deviennent plus difficiles que dans la demi-lune de Neuf-
Brisach. Il remarque bien qu'on a supprimé la contrescarpe du réduit dans le but de faciliter les retours
sur la brèche; mais il n'en tient compte, parce que,
dit-il, les défenseurs auront un plus long espace à parcourir à découvert pour atteindre au couronnement de
la brèche qu'avec le tracé de Vauban. Mais n'est-il pas
évident, au contraire, que tout l'avantage pour les retours offensifs, sera du côté de la nouvelle disposition
dont le professeur est loin d'ailleurs de s'attribuer
l'initiative? D'abord le sommet de la brèche de la
demi-lune sera defendu de plus près par les coups de
fusil du réduit, et, malgré sa confiance dans le tir de la
carabine à 450 mètres, le général ne pourra disconvenir que 5 ou 6 mètres de rapprochement sur des dis-
tances de 30 à 40 seulement ne soient à considérer.
L'avantage principal que présente la disposition de
Neuf-Brisach est de donner à la demi-lune un assez
large terre-plein sous lequel il est possible de dévelop-
per un bon système de mines; mais il est à remarquer
que, par la suppression de la contrescarpe dans le front
de l'école, le fossé du réduit devient un terre-plein bas

pour la demi-lune et que, depuis la crête de l'ouvrage jusqu'à la limite de ce terre-plein, il y a une largeur moyenne de 20 mètres, tandis qu'on n'en compte que 16, y compris l'épaisseur du mur de la contrescarpe, pour les deux terre-pleins de Vauban. La disposition enseignée à l'école est donc également plus favorable pour le développement des mines que celles de Vauban. Quant aux retours offensifs, il se feront à Neuf-Brisach en montant par un pas de souris de 15 pieds de hauteur dont le sommet est vu du couronnement de la brèche, puis en défilant sur un terre-plein bas étroit, vu d'écharpe, et même directement en grande partie, jusqu'à une rampe vue de la même manière. La retraite sera plus difficile encore. Dans le front de l'école, il est vrai que les défenseurs ont à parcourir 80 mètres environ au lieu de 60 pour arriver jusqu'aux premiers établissements de l'ennemi; mais ils sont loin de le faire à découvert, comme le dit le général. D'abord, au lieu de monter par un pas de souris, ils débouchent d'une poterne dans un espace qui ne peut être vu du sommet de la brèche, puis ils courent dans un large fossé qui, par sa profondeur, les abrite, sur une grande étendue au moins de sa longueur, contre les vues du nid-de-pie, tandis que sur le terre-plein bas étroit et abaissé de 6 pieds seulement de la demi-lune de Neuf-Brisach, ils peuvent être vus dans tout leur parcours, et risquent de plus, pendant leur retraite, d'être précipités dans le fossé depuis le sommet de la contrescarpe. Comment donc le général peut-il dire d'une manière si affirmative que le front de l'école n'est organisé que pour une défense purement passive? En supposant même que quelqu'un pût partager cette opinion, il ne pourrait du moins accuser le professeur d'avoir inculqué le principe d'une telle défense dans l'esprit de ses élèves, car il a présenté la disposition dont il est ici question comme éminemment propre à favoriser les retours offensifs. Si donc il n'a pas atteint son but, il l'a indiqué aux élèves comme devant être l'objet de leurs études. Au reste, l'autorité du général Haxo, de qui cette disposition est empruntée, et celle du comité des fortifications, me paraissent avoir autant de poids que la dénégation de l'auteur de la critique.

Relativement au réduit de place d'armes rentrante qui, nonobstant l'assertion contraire, n'est nullement copiée sur le réduit assez peu connu de Lachiche, le général Prévost de Vernois se borne à peu près à dire, page 404 : « Au reste, nous avons déjà prouvé que les « réduits de place d'armes, en général, étaient de fort « mauvais ouvrages. » Je ne vois pas cependant qu'il ait rien prouvé de général à cet égard ; il s'est seulement attaché à critiquer le réduit de place d'armes du front de Cormontaingne, mais les reproches qu'il adresse à ce dernier, en les exagérant, ne sont nullement applicables au réduit du front de l'école. Celui-ci, en effet, n'est pas flanqué par la demi-lune, mais bien par son réduit et ne peut tomber qu'en même temps que ce dernier ouvrage; car il est assez bien défilé de la demi-lune pour pouvoir être occupé jusqu'au dernier moment malgré la possession complète de celle-ci par l'ennemi. Il ne sert point de retraite aux défenseurs du chemin couvert, circonstance qui est un des plus grands défauts du réduit de Cormontaingne. Il possède une galerie d'escarpe crénelée qui peut être occupée pour la défense de la place d'armes, en laissant au besoin le terre-plein supérieur libre pour ne pas gêner les feux du bastion en arrière. Enfin, il est très-propre, sans qu'il puisse être aucunement compromis, à favoriser les retours offensifs, dans le chemin couvert, dans le fossé de la demi-lune et particulièrement dans la place d'armes elle-même, aussi bien que sur les glacis environnants. Mais mon but est moins d'insister sur les propriétés de cet ouvrage que de faire voir que l'auteur le condamne sans s'être donné la peine de l'examiner.

La disposition du chemin couvert de la demi-lune n'est pas appréciée avec plus de soin; et là, comme précédemment, notre critique confond le front du général Haxo avec celui qui sert d'étude à l'école. Ce qu'il attaque surtout, ce sont les grands crochets en avant des traverses, et ce qu'il dit d'abord, c'est que le général Haxo les a empruntés à Bousmard; car il faut qu'il ravisse à tout prix à ce grand ingénieur, le titre d'inventeur qu'il ne s'est jamais donné. Cependant les crochets du général Haxo qu'il connaissait fort mal, comme on l'a vu, et ceux du front de l'école qui n'en diffèrent guère, ne ressemblent qu'assez peu à ceux de Bousmard; mais la question n'est pas là, il s'agit de savoir uniquement s'ils sont ou non une bonne chose. Le seul défaut que leur reproche le général, est de former des couverts sur les glacis contre les coups du corps de place, et il y a encore ici une complète erreur. Car la condition première posée à l'école, pour la détermination de ces glacis, est qu'ils soient bien vus, non-seulement par la demi-lune, mais en même temps par la face voisine du bastion, et il eût été facile de s'assurer que cette condition était bien remplie, tandis que pour le

glacis de la place d'armes rentrante, elle ne l'est ni
dans le front de Cormontaingne ni dans celui de
Vauban. Quelle confiance peut-on donc avoir, je le répète, dans des jugements ainsi portés?

Mais il ne suffit pas que les crochets ne méritent
point les reproches qui leur sont adressés, il faut encore savoir s'ils sont utiles à quelque chose. Or, ils serviront à donner des feux à bout portant sur les têtes
de sape du couronnement, de ces feux que le général recommande avec raison, et ils ne seront pas moins utiles
pour favoriser les petits retours offensifs sur les glacis,
qu'il estime avec tout autant de raison encore, mais dont
il nie la possibilité dans le système de l'école, tandis qu'il
l'accorde et l'exalte pour le front de Neuf-Brisach,
sans justifier aucunement cette différence d'appréciation. Il faut, il est vrai, pour obtenir ce bon résultat,
que les défenseurs puissent tenir derrière les crochets
et les branches du chemin couvert; mais, si l'on pense
pouvoir le faire avec le système de Neuf-Brisach, où
tout le chemin couvert est dans un même plan
presque horizontal, où les traverses fort écartées l'une
de l'autre n'interceptent qu'assez incomplétement le
ricochet, combien, à plus forte raison, occupera-t-on
facilement des intervalles de traverses moindres, bien
défilés les uns des autres, et où les communications ne
sauraient être vues d'écharpe comme dans les fronts
ordinaires. Que le général dise que d'aussi favorables
dispositions ne sauraient être partout appliquées, je
serai de son avis, mais qu'il les décrie, ce n'est pas
concevable. Il sait parfaitement d'ailleurs, bien que
dans ses nombreuses campagnes il n'ait eu la chance
de prendre part à aucun siége ni à aucune défense de

place forte, qu'on a vu de simples crochets en terre occupés avec opiniâtreté par deux ou trois hommes, comme le recommande Vauban, donner beaucoup de besogne à l'ennemi. La défense de Wittemberg par les Français, en 1813, en offre un remarquable exemple, et, ce qui a pu se faire dans les plus mauvaises conditions, ne se répétera-t-il pas avec plus de facilité lorsque tout aura été préparé à l'avance pour favoriser ce genre de défense? Je n'insisterai pas davantage sur des propriétés qui doivent sauter aux yeux de tout ingénieur moins aveuglément prévenu que le général Prévost de Vernois.

Ce général ne nie pas que ce soit un avantage de boucher la trouée du fossé de la demi-lune, par laquelle l'ennemi peut de loin faire brèche au corps de place ; mais il dit qu'il ne faut pas pour cela un grand effort de génie, et que ce n'est pas le général Haxo qui est l'inventeur de cette disposition. Le général Haxo est inventeur des excellentes combinaisons particulières qu'il a produites ; mais il ne s'agit ni de cela, ni d'efforts de génie. Vauban bouchait-il cette trouée, et a-t-on eu raison de le faire après lui? Voilà toute la question. Car la thèse de l'auteur est que, depuis ce grand homme, la fortification n'a fait que se dégrader. Il ne peut se dispenser d'avouer que ce soit là une amélioration dans le cas des fossés secs. Que n'a-t-il fait la concession entière en reconnaissant que c'était une bonne chose, même avec des fossés pleins d'eau?

Enfin, pour terminer ce qui est relatif aux dehors, le général Prévost de Vernois blâme le général Haxo d'avoir établi dans son front une voie charretière qui descend dans les fossés sans passer par aucun ouvrage, et dont l'ennemi peut se servir également pour accéder à la place. Je ne m'arrêterai pas à faire voir combien cette voie serait peu praticable pour l'ennemi ; mais je me bornerai à dire que l'auteur, fidèle à son système de contradictions, en propose une tout à fait analogue, quoique moins commode, sur le dessin de la planche X de son ouvrage. Après cette critique peu fondée, il prétend que le général Haxo a cependant fait une correction dans le front de l'école qu'il lui attribue ; mais il trouve encore là à reprendre, et dit que la communication qui conduit dans le fossé du corps de place passe dans une cavée qui n'est vue de nulle part. Je n'ai pas besoin de répéter que le général Haxo est tout à fait étranger aux dispositions du front de l'école ; mais je répondrai que l'assertion du critique est encore ici complétement erronée. Car non-seulement cette communication est, dans toute sa longueur, enfilée à petite distance par le flanc opposé, mais elle est, en outre, directement battue, dans la prétendue cavée, par la face du bastion devant laquelle elle est située. Quel est donc le dessin que le général a eu sous les yeux ?

Il ne me reste plus, pour terminer l'examen des remarques particulières du général Prévost de Vernois sur le front d'étude de l'école qu'il baptise du nom de front moderne corrigé, qu'à parler des retranchements intérieurs des bastions. Ici le professeur de 1827 est accusé, non-seulement d'avoir enseigné une mauvaise disposition, c'est-à-dire celle qui a déjà été critiquée dans le front du général Haxo, mais encore de ne s'être pas conformé à la prescription du comité des fortifications de faire connaître aux élèves les divers retranchements indiqués par Cormontaingne.

9.

Je répondrai d'abord à ce dernier grief, qui serait le plus grave s'il était réel, mais qui n'est nullement fondé, et qui prouve seulement, comme je l'ai dit en commençant, que l'auteur, en attaquant l'enseignement de l'école, était loin de le connaître. Le professeur, en effet, ne s'est point borné à enseigner l'unique retranchement consistant en un redan appuyé aux deux flancs du bastion, mais il en indiquait et en faisait dessiner sept différents; seulement, comme le dessin d'un même élève n'en comportait qu'un seul dans le bastion le plus aigu, il indiquait à chacun, par un programme particulier, celui des retranchements dont il devait faire une étude spéciale. Le général, en écrivant sa critique, n'a eu devant les yeux qu'un de ces dessins d'élèves, et il en a conclu, un peu trop légèrement, il faut en convenir, que là se trouvait le seul retranchement qui fût enseigné à l'école de Metz. S'il eût poussé ses investigations plus avant, au lieu de s'attacher à un parti pris de blâme, non-seulement il aurait reconnu l'exactitude de ce que je viens d'énoncer, mais il aurait vu encore que, loin de donner aucun de ces retranchements comme quelque chose de parfait, le professeur employait une leçon entière à démontrer qu'ils présentaient tous de graves défauts, qu'aucun ne pouvait entrer en comparaison avec un corps de place qui se défend par lui-même dans toutes ses parties, mais que néanmoins ils pouvaient rendre de bons services en permettant d'opiniâtrer la défense des bastions, et que les circonstances de la forme du terrain et de la fortification devaient décider du choix à faire entre eux, ou même de la combinaison de leurs dispositions diverses. Ce n'est pas, au reste, ici le lieu d'entrer en discussion sur leurs valeurs relatives, et je ne répéterai pas non plus ce que j'ai déjà dit de leur comparaison avec les tours de Neuf-Brisach, puisque ces tours appartiennent au corps de place. Vauban a construit à Neuf-Brisach un corps de place recouvert de contre-gardes; Cormontaingne et les ingénieurs qui l'ont suivi ont préféré à cette disposition un corps de place avec bastions retranchés. Le général Prévost de Vernois regarde cette opinion comme une aberration, mais il ne le prouve pas, il se borne à l'affirmer, et pour donner plus de poids à son affirmation, il traite d'écoliers, d'ineptes, d'absurdes, les ingénieurs qui n'ont pas été de son avis; il dresse même contre eux l'accusation de mensonge et de calomnie. Ce n'est vraiment pas là de la discussion, et je rougis presque d'avoir eu à y répondre.

Ce ne sont pas seulement les retranchements intérieurs que le professeur de 1827 critiquait après les avoir décrits : ce front entier que, dans vingt endroits de son livre, le général prétend être exposé à l'admiration des élèves comme le *nec plus ultrà* des efforts de l'esprit humain, était aussi l'objet d'une critique détaillée, au fur et à mesure de sa description, en sorte que le professeur ne laissait pas ignorer à ses auditeurs les efforts que, comme ingénieurs, ils auraient à faire dans le cours de leur carrière pour approcher de plus en plus d'une perfection dont l'atteinte complète n'est qu'un but imaginaire. Mais je m'arrête, de peur que le lecteur ne m'accuse de trop insister sur des détails personnels au professeur.

Il est un dernier point cependant qu'il faut aborder encore avant de quitter tout à fait l'enseignement de l'école de Metz. J'ai déjà assez longuement parlé, à propos de Cormontaigne et de Fourcroy, de la méthode des journaux de siége fictifs, et j'ai fait suffisamment connaître ce que j'en pensais. Je n'ai donc plus à revenir sur ce point ; mais le général Prévost de Vernois prétend et affirme, comme il affirme toujours, que cette méthode est l'une des bases de l'enseignement actuel, et que c'est avec son aide qu'on parvient à faire croire aux élèves que le front de l'école est tout ce qui a pu être imaginé de plus parfait jusqu'à ce jour. Je ne crois plus avoir besoin de réfuter une telle assertion, qui n'est appuyée d'aucune preuve. Je me bornerai à dire que les journaux de siége ne sont pour les élèves de Metz, comme ils l'ont été pour ceux de Mézières, qu'une partie indispensable et inséparable de l'étude d'attaque qu'ils font, soit sur le papier, soit sur le terrain en face d'un front réel de fortification, le professeur leur détaillant jour par jour les travaux à exécuter, comme un directeur des attaques les prescrirait devant l'ennemi à ses chefs de brigades d'ingénieurs. Mais ce sur quoi je veux m'arrêter, c'est que le général, si chatouilleux à l'endroit des journaux de siége fictifs, et qui déverse toute espèce de mépris sur les résultats auxquels ils conduisent, en fait usage pour prouver à sa manière l'infériorité du front d'étude de l'école de Metz. Suivons-le donc encore sur ce terrain, mais sans trop nous appesantir sur les détails ; car je craindrais vraiment de lui faire injure en les lui attribuant tous. Du reste, cet admirateur passionné et si absolu de la fortification de Vauban, ou du moins de celle de Neuf-Brisach, ne paraît pas attacher une bien grande importance aux principes si nets et si précis que le grand ingénieur nous a laissés sur l'attaque des places, car il n'en tient nul compte et les viole à peu près tous, comme on va le voir par ce qui suit, et comme il est facile de le reconnaître en jetant un coup d'œil sur la planche IV de son atlas.

On peut se demander d'abord pourquoi il choisit, pour en faire l'attaque, des fronts appartenant à un polygone de dix-huit côtés, lorsqu'il n'existe peut-être pas une place, je n'en excepte pas même Paris, qui ne présente quelque partie saillante qu'il serait possible de mieux embrasser. Serait-ce pour que la preuve parût plus convaincante? Car, qui peut le plus, peut le moins. Mais je soupçonne que c'est tout simplement parce que le dessin d'élève que le général avait sous la main se trouvait dans cette condition. Nous noterons donc seulement que c'est une tâche d'autant plus difficile que le critique s'impose; mais cela l'inquiète peu.

Vauban prescrit d'établir la première parallèle à 300 toises mesurées sur les capitales, en avant des saillants des chemins couverts les plus avancés. Le général trace la sienne à 410 mètres environ, sans justifier ce parti. Personne ne peut raisonnablement lui accorder ce premier point. Je n'ai pas besoin d'ailleurs de prévenir qu'ici, ainsi que dans tout ce qui va suivre, je fais abstraction, comme le général lui-même, des perfectionnements récents de l'artillerie; d'abord, parce que la fortification critiquée a été conçue antérieurement à ces perfectionnements; ensuite, parce qu'il s'agit de comparer son attaque avec celles qui ont été dressées par nos prédécesseurs sur des fortifications plus anciennes; enfin, parce que l'expérience ne nous a pas encore appris quelles modifications l'artillerie rayée, employée simultanément dans l'attaque et dans la défense, apporterait dans la direction des travaux de siége. Ce qu'il y a de plus vraisemblable, au reste, c'est qu'elle ralentirait ces travaux, du moins dans leur première période, et qu'elle forcerait à éloigner la première parallèle, en même temps que les camps et les dépôts de tranchée.

Vauban place des batteries dans la première parallèle; mais il leur attribue peu de valeur, et il les rapproche bientôt dans la seconde, particulièrement les batteries à ricochets. Le général groupe, contre tout principe, d'énormes batteries dans sa première parallèle, intermédiaire à peu près entre la première et la seconde de Vauban. Il ricoche de là les demi-lunes et leurs chemins couverts; mais il ne peut contre-battre que directement et avec un petit nombre de pièces, huit seulement en avant de chaque saillant, les bastions et les cavaliers qui devront en porter un bien plus grand nombre.

Vauban recommande de multiplier les cheminements, afin qu'ils se soutiennent mutuellement et qu'ils divisent le feu de la place; le général n'en établit qu'un sur chaque capitale de demi-lune, parce qu'il se trouve trop gêné sans doute par ses batteries, ce qui n'aurait pas eu lieu s'il avait attaqué un polygone moins ouvert.

Vauban n'arrive qu'au moyen de trois parallèles, à 60 ou 80 mètres en avant des saillants des chemins couverts. Le général trace immédiatement sa seconde parallèle à cette distance, sans en donner la raison. On répondrait peut-être que c'est parce que les demi-lunes ont trop de saillie. Mais comment une dif-

férence de 40 mètres avec le tracé de Neuf-Brisach jus-
tifierait-elle une avance de plus de 100 mètres vers le
corps de place, lorsque surtout on ne peut le ricocher?
D'ailleurs, le général propose, planche X, un front de
fortification où le saillant du chemin couvert en avant
de la demi-lune est poussé à 100 mètres plus loin encore, et là, cependant, il suppose que l'attaque se fera à
la manière ordinaire, c'est-à-dire au moyen de trois
parallèles. Il a donc deux poids et deux mesures, ou
bien, il pose en principe ce qui est en question, à savoir
que la fortification qu'il attaque étant mauvaise, tandis
que la sienne est imprenable, il ne faut pas faire tant
de façon avec la première.

Vauban ne s'avance pas sans être bien soutenu par
une place d'armes en arrière, et il fait toujours en sorte
que la distance de la tête de tranchée ou de sape à cette
place d'armes soit sensiblement moindre que la distance du chemin couvert à la même tête. Le général
s'inquiète peu de ce principe et trace sa deuxième parallèle, répondant à la troisième de Vauban, ainsi que
la plupart des cheminements en avant, en s'avançant
bien au delà des limites observées par le maître.
Celui-ci infléchissait toujours autant que possible
vers la place sa troisième parallèle entre deux cheminements voisins. Le général refuse la sienne, au contraire, sans qu'on en puisse deviner le motif, à moins
que ce ne soit pour justifier d'autant mieux cette assertion, que ce sera par la place d'armes rentrante qu'on
finira par arriver sur le saillant du chemin couvert du
bastion. Je ne sais, en effet, comment on pourrait y
parvenir au moyen de la sape debout sans soutien qui
est dirigée vers ce point. Le cheminement sur la crête

du chemin couvert de la demi-lune ne serait pas plus possible, et l'on ne conçoit guère que le général le propose dans les conditions où il est tracé. Il a eu la précaution de dire, il est vrai, que la défense du front de l'école ne pouvait être que toute passive, tandis que celle de Neuf-Brisach serait active; mais nous avons vu comment il le prouvait, et il est évident que la défense de pied ferme et les petites sorties de nuit sur les glacis se feront plus facilement dans le système de l'école que dans celui des anciennes fortifications.

Le général fait peu de façons pour le reste du chemin couvert, qu'il suppose entièrement abandonné la nuit même de l'assaut à la demi-lune, et qui lui sert comme de tranchée pour se porter en avant. En deux jours il chemine en sape double dans l'épaisseur du parapet de toute la face de la demi-lune, malgré les feux plongeants et mal éteints du bastion et du cavalier, et malgré ceux à bout portant du réduit de demi-lune que le ricochet ne saurait plus tourmenter. En trois jours il est maître du réduit de demi-lune; en trois jours il fait une descente de fossé de 30 mètres de longueur, un passage de fossé de corps de place et un logement sur la brèche du bastion. C'est ainsi qu'il parvient en vingt jours de tranchée, sans ricocher le corps de place, à s'établir sur le saillant d'un bastion obtus défendu par de complets dehors.

Le général ne cherche pas, comme je l'ai dit, à expliquer la rapidité de sa marche éloignée. Peut-être se reportait-il à ce qu'il a répété deux fois du siége de Tortose, où les Français sont arrivés sans artillerie jusqu'à la contrescarpe, malgré le feu de la place; mais il pouvait se rappeler aussi ce qu'il dit ailleurs de l'effet de l'artillerie pour arrêter les cheminements, et l'on ne peut pas dire qu'il ait réellement contre-battu celle du corps de place. D'ailleurs, ce qu'il avancerait sous ce rapport pour une place construite dans le système de l'école, s'appliquerait également à toute autre, et il n'y a pas de raison pour que, de la première à la troisième parallèle, les cheminements soient fort différents lorsqu'on suppose le terrain également horizontal dans tous les cas. Quant à la rapidité des cheminements rapprochés, il appelle Vauban à son aide pour sa justification. Mais il ne me paraît pas qu'il ait convenablement interprété cette grande autorité.

Vauban dit d'une manière positive que, de son temps, la sape avançait de 80 toises en vingt-quatre heures, et l'on doit ajouter foi à son assertion. Il est vrai que jamais dans les écoles on n'a pu atteindre à un pareil résultat, et que, par suite, on a dû donner des explications diverses sur la nature de la sape dont il est ici question ; mais peu importe. Peu importe aussi la justification peu satisfaisante qu'en formule le général de son côté. C'est un point que j'admets sans le discuter. Cependant il faut bien entendre que cette donnée ne s'applique qu'à la sape exécutée à la deuxième parallèle, et Vauban a soin de dire que cette marche va de plus en plus en se ralentissant, à mesure qu'on avance vers la place. Le général l'entend de même : aussi prétend-il qu'il fait bien moins de ses 160 mètres en vingt-quatre heures, lorsqu'il est dans les fossés ou sur les parapets. Cela est vrai. Mais Vauban est plus explicite, et, après avoir fixé à deux livres le prix de la toise de sape le long de la deuxième place d'armes, il augmente ce prix à mesure qu'elle avance davantage, en ajoutant que le sapeur n'en gagnera pas plus, parce qu'à mesure que le péril croît, le travail fait diminue. Il y a donc, selon lui, un rapport inverse constant entre le prix de la toise et le travail possible, ce qui donne le moyen d'établir une échelle indiquant le ralentissement du travail selon les diverses périodes du siége. C'est cette échelle dont les élèves de l'école de Metz font usage; mais le général ne l'emploie pas, car il avance de plus de 30 toises en un jour dans les fossés de la demi-lune, tandis qu'il ne devrait le faire au plus que de 16; et ses autres cheminements ne sont pas moins exagérés.

Je ne dirai rien de plus, le général justifie bien ici ce qu'il affirme ailleurs que les journaux de siége fictifs sont une arme élastique dans les mains des ingénieurs qui veulent décrier les conceptions de leurs rivaux. Mais pourquoi l'employer alors qu'il la condamne? Est-ce qu'il se croirait assez sûr de son impartialité pour penser que l'usage peut lui en être permis, et permis à lui seul? Non, c'est plutôt là une simple contradiction à ajouter à toutes celles qui fourmillent dans l'œuvre que j'examine.

LE FRONT DE FORTIFICATION

DU GÉNÉRAL PRÉVOST DE VERNOIS.

Les chapitres XIII, XIV et XV de la première partie
de l'ouvrage du général, qui semblent plus particulièrement consacrés aux fortifications de Paris, sont un
amalgame de toutes choses où l'auteur déverse ce qui
peut lui rester d'humeur sombre. C'est là que, dans ses
exaltations de patriotisme, il dépeint la France comme
inférieure aux puissances qui l'environnent et prête à
être effacée du nombre des nations, qu'il critique notre
administration, nos finances et notre esprit national.
La fortification moderne, bien entendu, n'est pas
perdue de vue au milieu de toutes ces digressions ;
mais j'ai déjà répondu dans ce qui précède à la plus
grande partie de ce qui en est dit, et j'ai déjà prévenu
que je ne suivrais pas l'auteur dans toutes ses pérégri-
nations. Si, au milieu d'un grand nombre d'assertions
fausses ou pour le moins exagérées, il se trouve quelques idées justes et utiles, la manière dont elles sont
présentées leur enlève une grande partie de leur mérite, et d'ailleurs, il n'est guère de bons esprits qui ne
les aient déjà exprimées. Je me tais donc sur cette

partie de l'ouvrage, qui n'est pas la moins violente. Je laisse de côté ce qui concerne l'économie politique, pour ne m'occuper que de la fortification, qui est l'objet essentiel du livre. J'arrive ainsi au couronnement de l'ouvrage, aux idées particulières de l'auteur sur la fortification permanente.

Il y a consacré, dans la première partie de son livre, un chapitre entier, le chapitre XII, portant pour titre : *Des changements et améliorations dont pourrait être suscep-tible le tracé de Neuf-Brisach ;* mais c'est surtout dans une seconde partie, complétement distincte, qui ne se lie nullement à la première, et qui eût pu être séparément imprimée, que le général développe ses idées dans sept chapitres, sous le titre général de *Fortification permanente.*

Ce couronnement de l'ouvrage est aussi le couronnement général des contradictions. Car, conçoit-on qu'un homme qui a écrit 650 pages pour prouver que le tracé de Neuf-Brisach est non-seulement ce qui a été fait, mais ce qu'on peut imaginer de plus parfait en fortification, qui traite de sacriléges, de vaniteux et parfois d'ineptes, les ingénieurs qui ont osé mutiler le chef-d'œuvre du grand maître, termine lui-même sa philippique par l'exposition d'un projet ayant pour but avoué de corriger et de perfectionner ce chef-d'œuvre?

Cette contradiction est si manifeste que, quelque aveuglé que fût l'auteur, elle ne pouvait lui échapper : aussi va-t-il lui-même au-devant de l'objection qu'on ne devait pas manquer de lui faire, et dit-il, page 481, au commencement du chapitre xii : « Ne pourrai-je pas « encourir le même reproche que j'ai fait à Cormon- « taingne et à Fourcroy, et n'offrirai-je pas à mes enne-

« mis ou à ceux que j'ai froissés, une belle occasion
« de prendre leur revanche? Non ! car je ne boulever-
« serai pas l'œuvre du grand homme, je ne lui ôterai
« pas sa belle propriété d'offrir le retranchement le
« plus parfait qu'on puisse inventer, et de fortification
« à enceinte redoublée. Je tâcherai seulement de faire
« voir que rien n'est plus facile que d'enlever à ce beau
« système de Neuf-Brisach les légères imperfections
« que l'esprit de dénigrement, dans ses attaques les
« plus hostiles, a cru y découvrir. »

Si l'esprit de dénigrement seul a cru découvrir
des imperfections dans Neuf-Brisach, elles n'existent donc pas, et alors pourquoi vouloir les enlever? Avec quelle facilité d'ailleurs l'auteur se fait-il
illusion ! Il ne bouleverse pas, dit-il, l'œuvre du
grand maître, mais il n'y laisse rien d'intact. On y
voit encore des tours bastionnées, il est vrai, mais
elles ne ressemblent plus à celles de Vauban. Le
tracé du front aplati du corps de place est modifié; il
en est de même de celui des contre-gardes. La tenaille
est complétement changée; tous les reliefs le sont également. Les dispositions intérieures des contre-gardes
et de la demi-lune sont méconnaissables; il ne reste
plus le moindre rapport entre les chemins couverts de
l'auteur et ceux de Vauban; de nouveaux dehors très-
considérables sont ajoutés; enfin, il est impossible
de rien voir de plus différent de la conception de
Vauban que ce qui est représenté sur la planche X de
l'atlas du général.

Il est vrai qu'il laisse subsister, comme il le dit,
le corps de place formant retranchement; mais c'est
là la propriété de tous les fronts à contre-gardes.

C'est aussi la propriété de tous ces fronts de porter une enceinte redoublée. Le général va bien au delà, car il a une enceinte triplée par ses ouvrages extérieurs, et ce n'est pas Vauban qui la lui a indiquée.

L'auteur d'ailleurs abandonne bientôt son respect filial pour Vauban, lorsqu'il nous dit, page 723 : « J'ai « pris pour type de la demi-lune la demi-lune de Neuf- « Brisach, quant aux dimensions, à la position de son « saillant et à l'ouverture de ses branches ; mais j'ai cru « devoir changer les communications qui, du corps de « place, conduisent dans la campagne à travers les « faces du réduit et des branches de la demi-lune, « parce qu'elles m'ont toujours semblé *très-vicieu-* « *ses.....* » et, lorsqu'après avoir exposé les avantages de ses propres dispositions, il dit en terminant, page 780, dans l'admiration de son propre ouvrage : « Toutes ces propriétés constitutives d'une défense qui « n'a pas de limite sont assurément des plus nouvelles. « On ne les trouvera ni dans la fortification de Vauban, « ni dans les ouvrages modernes, etc. » Non certes, on ne les trouvera ni dans Vauban ni ailleurs ; mais alors pourquoi donc écrire un livre entier pour prouver qu'on ne saurait rien imaginer de plus parfait que Neuf-Brisach ?

Du reste, je me garderai bien de faire la critique des dispositions proposées par le général Prévost de Vernois ; tel n'est pas le but de mon écrit. Je laisse aux ingénieurs qui liront son ouvrage, ou qui ouvriront seulement son atlas, à les apprécier. Je me bornerai à dire qu'il accuse Cormontaingne d'entasser contre-gardes sur contre-gardes, lunettes sur lunettes, et que lui-même accumule plus d'ouvrages les uns sur les autres qu'on n'en trouve dans aucun autre système ; qu'un de ses plus grands griefs contre ses prédécesseurs et ses contemporains est d'avoir porté trop loin dans la campagne le saillant du chemin couvert en avant de la demi-lune et que lui, renchérissant sur eux tous, le pousse à 100 mètres encore au-delà de ce qu'admet l'école ; enfin, que si la simplicité est une qualité que l'on doit rechercher dans une bonne fortification, l'œuvre du général Prévost de Vernois est loin de la posséder.

A propos de l'exposition de son système de fortification, le général indique le genre de revêtement d'escarpe qu'il a adopté, et il en prend occasion d'accuser d'absurdité la théorie de la poussée des terres établie par Coulomb et de tout temps admise par l'Académie des sciences. Mon intention n'étant pas d'apprécier le mérite des idées propres du général, mais uniquement de repousser ce que ses accusations ont d'injuste, je ne discuterai pas la valeur de son profil d'escarpe, non plus que la prétention qu'il peut avoir à son invention ; je veux seulement, sans prendre directement la défense de l'académie, faire une observation sur la théorie de Coulomb.

Je commencerai par relever encore une nouvelle contradiction à laquelle l'auteur se laisse entraîner comme à son ordinaire. Il dit à la page 677 : « On com-
« prendra que je ne puis tenir aucun compte de ces
« expériences faites dans de petites caisses remplies de
« sable fin, bien sec, ou de boue, avec lesquelles
« s'amusent les amateurs qui veulent à toute force
« confirmer par les faits les résultats de la théorie de
« Coulomb. Ce sont là des jeux d'enfants qui ne méri-

« tent pas l'attention des hommes sérieux. Autant va-
« lent les expériences de Gauthey, qui voulait établir
« sa théorie d'après les phénomènes qui se produi-
« saient dans une petite caisse remplie de globules de
« plomb ou de fonte. » Or, on lit plus loin, page 694,
à propos de la détermination du point d'application de
la poussée des terres : « En me servant d'une grande
« caisse dont le fond était un trapèze s'évasant sur le
« devant, pour empêcher le frottement sur les parois
« latérales quand le prisme se détache, j'ai trouvé que
« le point d'application était à moitié de la hau-
« teur..... » N'est-ce donc pas là aussi un jeu d'enfants? A moins que la différence entre les expériences ne vienne de ce que les premières étaient faites
dans de petites caisses et la dernière dans une grande.
Mais le général ne nous dit pas quelles étaient les
dimensions de ces diverses caisses, ni celles qu'elles
devaient avoir pour être suffisamment grandes.

Pour moi, j'ai fait pendant l'érection des fortifications de Paris, des expériences, non pas dans des caisses
plus ou moins grandes, mais sur de véritables murs de
2 mètres de hauteur, et même sur une contrescarpe de
4 mètres, que j'ai chargés jusqu'à renversement, et j'ai
reconnu que la théorie de Coulomb se vérifiait avec
une étonnante exactitude, lorsqu'on faisait entrer dans
la formule tous les éléments de la question, déterminés
avec soin à l'avance, en ne négligeant par conséquent
ni la cohésion des terres, ni leur frottement contre la
paroi intérieure du mur ; en sorte que ce n'est pas
Coulomb, non plus que l'Académie des sciences qui
ont tort, lorsque surviennent des accidents, mais uniquement les constructeurs qui appliquent mal la for-

mule. On trouvera, à la bibliothèque du Dépôt des fortifications, le petit mémoire qui contient le résultat de mes expériences. Il me serait facile d'ailleurs de réfuter les objections que le général oppose à la théorie admise, et surtout sa manière d'envisager la poussée des terres au-dessus des voûtes ; mais ce n'est pas ici le lieu, et je me borne à l'énoncé d'un fait qui me semble devoir suffisamment infirmer la critique de l'auteur.

CONCLUSION.

Je veux terminer ici la tâche pénible que je me suis
imposée ; pénible, parce que j'ai dû repousser les assertions d'un homme sous les ordres de qui j'ai servi dans
ma jeunesse et pour qui j'ai toujours conservé des sen-
timents de considération et d'estime. Je crois l'avoir
fait avec une modération dont il ne m'a pas donné
l'exemple. Mais à moi plus qu'à tout autre incombait
la charge de prendre la parole ; car c'est mon maître
surtout qu'il attaque, et moi-même, tout en ne me dé-
peignant que de la façon la plus élogieuse. Toutefois,
ce n'est pas le besoin de ma défense personnelle qui
m'a poussé à rompre le silence, mais le désir d'aller au
devant du mauvais effet que pouvait un jour produire
le livre du général sur l'esprit des officiers du génie.
Son but, en effet, est indiqué dans les lignes suivantes,
page 134 : « Si au sortir de l'école un jeune officier se
« procure mon livre et lit ces pages, elles le feront
« réfléchir !... Peut-être lui découvriront-elles com-
« bien était illusoire et fallacieuse cette science qu'il a
« puisée dans les cours de Metz, peut-être rectifieront-

« elles son jugement et amèneront-elles par la suite, la
« réhabilitation de notre illustre maître, de l'incom-
« parable Vauban !... »

S'il est à craindre que les élèves sortant de l'école de
Metz se laissent entraîner par les critiques erronées du
général, il est bien plus à redouter encore que ceux qui
y entrent, n'arrivent avec d'aveugles préventions qui
leur fassent mépriser à l'avance les leçons qu'ils devront y recevoir, et qu'ils croient que pour devenir des
vaubans, il leur suffit de n'avoir pas de maîtres. C'est
surtout pour prévenir ce funeste résultat que j'ai cru
nécessaire de réfuter une doctrine qui, si elle se répan-
dait parmi les jeunes officiers, ne tarderait pas à attaquer le corps du génie dans ses plus profondes racines.
Sans doute tous les ingénieurs doivent étudier Vauban;
et en l'étudiant avec fruit, ils l'admireront; mais il ne
faut pas qu'un engouement irréfléchi immobilise leur
esprit à la suite d'un de ses types de fortification. La
fortification elle-même ne saurait être immuable.

Voici quelle est la conclusion définitive du général
Prévost de Vernois, relativement à la fortification : « Il
« me semble que j'ai prouvé d'une manière irréfra-
« gable que les soi-disant perfectionnements que nous
« offre l'école moderne ne sont que des erreurs gros-
« sières.

« L'agrandissement de la demi-lune et l'augmenta-
« tion de sa saillie, les réduits de place d'armes ren-
« trante, les retranchements du bastion, substitués à
« l'excellent retranchement des tours bastionnées, tout
« cela n'est que monstruosités qui ont fait rétrograder
« l'art de la fortification. »

Je crois avoir montré au contraire, que toutes les

critiques du général étaient fausses ou exagérées, que Vauban avait tendu lui-même à agrandir la demi-lune, et que cet agrandissement, sans se présenter comme un perfectionnement incontestable, n'avait aucun des graves inconvénients que lui reproche l'auteur; que les réduits de place d'armes, s'ils n'étaient des ouvrages parfaits, étaient cependant de fort bons ouvrages et avaient reçu, en théorie du moins, des améliorations depuis Cormontaingne; que c'était à tort que l'on comparait les retranchements de bastions aux tours bastionnées, que la comparaison ne devait s'établir qu'entre les bastions ordinaires recouverts de bonnes contre-gardes et le système de Neuf-Brisach; que ce système, solution spéciale pour la place régulière où il était appliqué, ne saurait se prescrire comme un type absolu; enfin que l'école moderne, fort mal connue du général, loin de n'avoir produit que des monstruosités, avait apporté successivement, depuis cent ans, des améliorations de détail de quelque importance à l'ancienne fortification. Mais les bons principes ne suffisent pas pour la bonne application; chaque siècle ne produit pas un Vauban, et il n'est pas étonnant que de temps à autre on parcoure des périodes où l'on ne voit naître en fortification que de médiocres conceptions.

FIN.